마 음 이   아 프 면   산 으 로   간 다

걷는 것이
행복이다

걷는 것이 행복이다
마음이 아프면 산으로 간다

초판 1쇄 발행 2024년 10월 28일

지은이 김두환
펴낸이 장길수
펴낸곳 지식과감성#
출판등록 제2012-000081호

교정 김나현
디자인 강샛별
편집 강샛별
검수 한장희, 윤혜성
마케팅 김윤길, 정은혜

주소 서울시 금천구 벚꽃로298 대륭포스트타워6차 1212호
전화 070-4651-3730~4
팩스 070-4325-7006
이메일 ksbookup@naver.com
홈페이지 www.knsbookup.com

ISBN 979-11-392-2170-1(03810)
값 16,500원

- 이 책의 판권은 지은이에게 있습니다.
- 이 책 내용의 전부 또는 일부를 재사용하려면 반드시 지은이의 서면 동의를 받아야 합니다.
- 잘못된 책은 구입하신 곳에서 바꾸어 드립니다.

지식과감성#
홈페이지 바로가기

마음이 아프면 산으로 간다

걷는 것이
행복이다

글·사진 김두환

| **책머리에** |

  봄이 오려면 조금 더 기다려야 한다. 그러던 어느 날 새벽 극심한 고통과 공포 속에서 몸부림치며 세상 밖으로 나왔다. 모든 것이 낯선 세상에서 어머니가 가르쳐 주는 대로 살아가는 방법을 배웠다. 그것은 먹고 일어서서 걷는 것이었다. 수백 번의 시행착오를 거치면서 스스로 일어서기를 반복했다. 그때부터 지금까지 그 자세로 걷고 있다.

  살아가면서 걸어 보고 싶은 길이 많았다. 그 많은 길을 모두 가 보고 싶었지만, 오직 한길밖에 갈 수 없었다. 그러다 보니 손쉬운 지름길을 찾게 되었고, 그 지름길에서 절망을 맛볼 때도 있었다. 한번 걸어가면 다시 되돌아 다른 길을 선택해 걸을 수도 없었다. 지금 걷는 길이 최선의 길이고, 주어진 운명이라 생각했다.

  조금 뒤처진 시간을 앞당기기 위해 달리기도 했다. 지나간 시간을 돌아볼 여유도 없었다. 돌부리에 걸려 넘어지기도 했다. 그렇게 달리다 보니 지금 여기까지 왔다. 뒤돌아보니 중년이 훌쩍 넘었다. 그때부터 천천히 걷기 시작했다. 산이며, 들이며 걸을 수 있는 목표가 있으면 배낭을 둘러메고 무작정 집을 나섰다.

  사십여 년을 다니던 직장에서 퇴직했다. 시간이 자유를 허락했다. 어디든 걷고 싶었다. 밤새워 버스에서 쪽잠을 자고, 새벽 밤하늘의 총총한 별을 보고 산을 올랐다. 가쁜 숨을 몰아쉬면서, 흘러내리는 땀을 닦으면서 걸었다. 날이 밝아 오면 멀리 산그림자가 눈앞에 보이기 시작한다. 잠시 후면 그 위로 태고의 빛이 주변을 붉게 물들인다. 그 황홀경에 모든 고통을 잊는다. 그 빛에서 희망을 보았고, 미래를 그렸다. 그러면서 알싸한 새벽 공기를 맛보았다. 걸을 수 있기에 누릴 수 있는 기쁨이었다.

그동안 가 보고 싶었던 곳을 찾아다녔다. 첫 번째가 제주올레길이었다. 이 길을 걸으면서 해파랑길을 알게 되었다. 이 길도 전부 걸었다. 전국에서 유명하다고 알려진 백여 개가 넘는 산을 올랐다. 백두대간도 걸었다. 평화누리길, 서울둘레길, 강화나들길, 경기둘레길도 걸었다. 이 모든 것이 스스로 걸을 수 있기에 가능했다. 걸을 수 있다는 것이 얼마나 중요한 것인지 깨닫게 되었다.

봄이면 산길 곳곳에 피어나는 앙증맞은 야생화를 보노라면 사람의 삶이나 식물의 삶이나 별반 다르지 않다는 것을 알게 되었다. 그러니 더 애정이 갔다. 눈 한번 맞춰 주고 나면 나그네나 꽃이나 모두 행복했다. 길은 그런 곳이다.

산길만 그런 것이 아니다. 주변에는 걷기 좋은 길들이 서로 찾아오라고 손짓한다. 그 길을 걸으면 그동안 보지 못했던 많은 것들이 눈에 보인다. 주변에 누가 살고 있는지, 꽃은 언제 피고, 열매를 맺고, 어떻게 갈무리하는지 알게 된다. 그것은 걸을 수 있기에 느낄 수 있는 일이다.

자동차를 타고 달리면 스쳐 지나가는 파노라마는 볼 수 있지만 땅에서 자라는 수많은 작은 꽃들은 볼 수 없다. 그런 것을 보고 느끼면서 느림의 아름다움을 배우라고 둘레길을 만들고 있다. 그 길에서 잠시 마음의 고요를 느끼면서 문명의 세상을 벗어나 자연의 세계로 돌아갈 수 있다. 그 길은 마음을 여유롭게 하는 치유의 길이며, 삶을 아름답게 가꿀 수 있는 길이다.

길은 사람 냄새가 나는 곳이다. 조금 느려도 괜찮다. 지름길이 아니라도 괜찮다. 구불구불한 길이면 어떠랴. 그런 길이 진정으로 사람의 정을 느낄 수 있는 길이다. 혼자라도 좋고, 둘이라도 좋다. 그 누구와 걸어도 좋은 것이 길이다. 그 길에서 우리는 그동안 하지 못했던 이야기도 풀어놓을 수 있다. 즐거우면 즐겁게, 슬프면 슬프게 모두를 품어 주는 것이 길이다.

해파랑길 민박집에서 만난 노부부는 삶의 과정은 힘들었지만 자식들 모두 성장하여 제 역할을 하는 것을 보면 힘든 그때가 가장 행복했다고 말씀하신다. 지리산둘레길에서 만난 쉼터의 운영자는 젊은 시절 산골에 시집와서 사흘을 울었다고 했다. 지금은 그 마을에서 유명한 인사가 되었다.

산길에서 만난 길벗은 부인과 사별하고 무너져 가는 자신을 되찾기 위해 산을 찾았다. 또 다른 벗은 동생을 잃은 슬픔을 이겨 내기 위해서 산을 찾았다. 이처럼 길에서 만난 사람들 대부분은 힘든 과정도 있었지만, 이제는 각자 자신의 자리에서 최선을 다하면서 행복하게 살아가고 있다. 그것이 우리가 살아가는 진정한 삶의 모습이다.

  앞으로도 걸어야 할 길이 많이 남아 있다. 그 길에서 또 다른 삶의 모습들을 만날 것이다. 그곳에서 그들과 함께 누려 왔던 살아 있는 삶을 함께하면서 걸어갈 것이다. 그것이 앞으로 저자에게 남겨진 숙제라고 생각한다.

2024년 가을

김두환

목차

책머리에   4

제1부

우리 함께 걸어요

1. 나에게 길이란 무엇인가?   14
   길에서 나를 찾다
2. 서울둘레길   22
   이 길은 동행의 길이며, 역사의 길이다
3. 무릉계곡, 베틀바위 산성길   28
   천 년 전으로 돌아가 그 길을 걷다
4. 강화 역사문화길   37
   강화산성과 강화도령의 흔적이 남아 있는 길
5. 운탄고도(運炭古道)   43
   아름다운 야생화가 피는 길에 가슴 아픈 이야기도 있다
6. 태종대와 운곡 원천석 선생, 치악산둘레길   49
   정치적인 소용돌이 속에서 지조를 지킨 선비
7. 지리산둘레길   54
   시대가 변해도 옛것을 알려면 이 길을 걸어야 한다
8. 문무대왕릉과 공양왕릉   60
   죽어서도 나라를 지키겠다는 왕과 쓰러져 가는 나라의 마지막 왕
9. 제주올레길 단상   65
   하루의 수고를 편안하게 내려놓을 수 있는 길
10. 마음이 아프면 산으로 간다   73
    등산은 몸과 마음을 치유하는 길이다

제2부

산에서 나를 보다

1. 계룡산 연천봉   80
   조선을 다시 생각하다

2. 한라산 윗세오름   87
   겨울도 좋지만 철쭉이 피는 6월도 좋은 산

3. 지리산에서 얻은 교훈   93
   산에서 무리하면 사고가 난다

4. 모락산을 오르면서   104
   작지만 오르기 좋은 둘레길 같은 산

5. 수리산 한 바퀴   110
   순교자를 거두어 잠들게 한 산

6. 청계산   116
   푸른 숲과 계곡이 맑아서 사랑받는 산

7. 산행(山行)으로 얻는 행복   124
   산이 이렇게 좋은 줄 미처 몰랐다

8. 아들과 함께한 지리산   130
   지리능선에서 미래를 꿈꾸다

9. 겨울 두타산   137
   불도(佛道)의 수행을 닦는 산

10. 가족과 함께한 한라산   145
    산은 쉽게 오를 수 있는 것이 아니다

제3부

암자로 가는 길

1. 수락산 내원암 　눈으로 보지 말고 마음으로 보는 곳	154
2. 관악산 연주대 　태자의 자리를 내려놓고 한양을 바라보던 곳	159
3. 소요산 자재암 　공심(空心)으로 돌아가는 시간	166
4. 오세암과 봉정암 　예나 지금이나 어머니의 마음은 변함이 없다	171
5. 송광사 불일암 　법정 스님의 향기가 스며 있는 곳	178
6. 여수 향일암 　마음이 호수처럼 잔잔해지는 곳	183
7. 금산 보리암 　석조관음보살을 친견하기 위해 흘리는 땀방울	188
8. 미황사 도솔암 　달마고도길에서 들리는 범종 소리	194
9. 대둔산 석천암 　아픔이 있는 곳이지만 그 아픔을 이겨 내는 곳	199
10. 선암사 해우소 　모두를 내려놓고 가라 하네	204

제4부
우리들의 이야기

1. 무릎이 아파 보니   212
   걷는 것이 얼마나 중요한 것인지 이제야 깨닫다

2. 등산 사고   218
   돌다리도 두들겨 보고 건너라

3. 사과 한 쪽   224
   몸에 좋다고는 모두 알고 있지만

4. 가야산 남연군묘   230
   2대에 끝날 것을 그리도 욕심을 내었던가

5. 풍수지리   237
   들고 나는 모든 자리는 임자가 따로 있다

6. 책 읽기 좋은 계절   243
   모든 지혜와 지식은 책에서 나온다

7. 손자 돌보기   248
   오면 반갑고 가면 더 반갑다

8. 제주의 아픈 역사   254
   아픈 역사를 뛰어넘어 누구나 가고 싶어 하는 곳

9. 손으로 글쓰기   261
   기억력 향상을 위한 최고의 수단

10. 영원한 현역   266
    일은 우리를 젊게 한다

글을 쓰고 나서   273

제1부

우리 함께 걸어요

1.
나에게 길이란 무엇인가?

길에서 나를 찾다

'로버트 프로스트'는 「가지 않은 길」을 이렇게 이야기했다.

'노랗게 물든 나무 숲속 갈림길, (중략) 나는 한쪽 길을 선택할 수밖에 없었다. 그래서 내 모든 것이 달라지게 되었다.'

고등학교에서 이 시를 배울 때에는 깊은 의미를 잘 몰랐다. 인생이 여물어 가면서 그때를 곰곰이 생각해 보면 이제야 그 의미를 조금은 알게 되는 것 같다.

조금 더 일찍 이런 길이 있다는 것을 알았더라면, 좀 더 젊은 시절에 이런 길을 걸어 보았더라면, 내 모든 것이 달라졌을 수도 있었을 것이라 생각해 본다. 그 길이 어떤 길인지, 우리 곁에 있는 길인지, 아니면 꿈속에서만 보았던 길인지 알 수는 없다. 세월이 지난 지금에야 그런 길은 열심히 찾으면 찾을 수 있다는 것을 스스로 알게 된다. 꿈속의 그 길을 찾아가는 것은 지극히 어려운 삶의 과정이다.

혼자서 길을 걷는다는 것은 기쁨이면서 한편으로는 고독이다. 삶이라는 것은 무거운 짐을 등에 메고 평생을 달리는 마라토너와 같다. 그

짐이 서서히 가벼워지는 것을 느끼게 되면 인생의 후반부에 다다르고 있다는 의미일 것이다.

하루 백여 리(里)에 가까운 길을 걷는다는 것은 수행(修行)이면서 고행(苦行)이다. 그 과정에서 마음속에 짊어진 무거운 돌덩어리를 하나씩 내려놓게 된다. 그 짐을 가벼이 하고 삶의 무게를 하나씩 자연스레 내려놓게 됨으로써 마음 한구석이 한결 가벼워지는 것은 나그네만이 느끼는 희열(喜悅)은 아닐 것이다.

몇 해 전 부산 오륙도 해맞이 전망대에서 고성 통일전망대에 이르는 '해파랑길'을 따라 걸었다. 이 길은 동해의 떠오르는 해와 푸른 바다를 길동무 삼아 함께 걷는다는 의미로 정부와 지방자치단체에서 만든 길이다.

무작정 집을 나서다

이 길을 처음 나서면서 과연 이렇게 머나먼 과정을 무사히 마칠 수 있을 것인지에 대해서 확신이 서질 않았다. 그래도 지금 하지 않으면 평생 못 하고 후회할 것 같은 생각이 들었다. KFC의 설립자인 '커널 샌더스'는 '나는 녹이 슬어 사라지기보다는 닳아 빠진 후 없어지리라.'라는 말을 했다. 그래, 맞는 말이다. 다리가 아프다고 느끼면 그때는 늦는 것이다. 지금이 바로 시작할 때이다. 중간에서 되돌아오는 일이 있을지라도 일단 배낭을 꾸려서 집을 나섰다.

'해파랑길'은 전체 거리가 750㎞ 정도 된다. 말이 그렇지 자동차로 시속 60㎞의 속도로 쉬지 않고 달려도 12시간이 넘게 걸리는 거리다. 그 길은 바다를 끼고 걷는가 하면, 산길을 걷기도 한다. 그 길을 걷다 보면 생전 처음 보았을 아름다운 모습을 만나기도 하지만, 가끔은 농장에서 풀어놓은 무서운 개들을 만나는 길이기도 하다.

순간의 놀라움으로 등줄기에 흐르던 땀방울이 식어 갈 때 맹견(猛犬)의 으르렁거리는 모양새가 지나온 나그네의 삶과 비교하면 모두가 비슷하다는 생각이 든다. 남들보다 한발 앞서가려고, 보이는 먹이를 먼저 먹으려는 마음이 동물이나 사람이나 자기중심적인 사고는 별반 차이가 없다는 생각이 얼핏 든다.

그래도 그 길을 걸으면 마음에서 느끼는 것과 눈에 보이는 것이 많다. 따스한 봄날의 해변을 걷노라면 여름철 해수욕을 즐기는 피서객의 모습이 눈앞에 아른거린다. 그런가 하면 태양이 이글거리는 아스팔트 포장길을 땀으로 범벅을 하면서 걷노라면 왜 이런 고생을 사서 하는지 자신에게 묻기도 한다.

시골 노부부의 행복이란 이런 것이다

그래도 지금까지 걸어 보지 않았던 그 길에서 온전히 두 발로 걸으면서 많은 것을 보고 배웠다. 그동안 가 보지 못했던 지역을 걸어 보면 우리들의 이웃이 어떻게 살아가는지 알 수 있었다.

울진의 어느 민박집에서 하룻밤을 보낼 때 어르신 내외분이 하신 말씀이 지금도 가슴에 남아 있다. 바닷가에 살면서 수입이 변변치 않았던 과거에 몇 평 안 되는 밭과 바다에서 나오는 해산물로 여섯 자식을 모두 학교에 보내느라 밤낮없이 일했다고 하셨다. 그래도 그 자식들이 성장해서 모두 외지에 나가 제 할 일을 하는 것을 보노라면 옛날의 힘들었던 일들은 이제 아름다운 추억으로 남는다고 말씀하셨다. 굽어진 허리로 벽에 걸린 자식들과 손주들의 사진을 보시면서 얼굴에는 잔잔한 미소가 번지고 있다.

그때의 부모들 모두는 그러했으리라. 자식을 위해서라면 온몸을 던지시던 분들이다. 그것이 부모가 당연히 해야 할 의무라고 생각했다. 자식이 부모를 아무리 잘 안다 해도 부모의 마음을 알려면 그 나이가 되어야 알게 된다. 그래서 풍수지탄(風樹之歎)이라는 말이 생겼는가 보다. 인생은 그런 것이다.

천천히 걸어야 비로소 보인다

지방의 고유한 문화를 보고 싶으면 간단하게 승용차로 이동하면서 체험할 수도 있다. 하지만, 걸으면서 보고 느끼는 감동은 전혀 다르다. 걷는다는 것은 불편하고, 힘들지만 걸을 수 있기에 느끼는 감동은 승용차를 이용하면서 느끼는 감동에 비하면 몇 곱절 크고 감동스러울 때가 많다.

시골 해변을 걷던 어느 날 점심때가 되었다. 인근에 식당을 찾으니 식당이 보이지 않는다. 그렇게 걷고 있는데 그늘진 곳에서 할머니 몇 분이 담소를 나누고 계신다. 이 부근에 식당이 어디쯤 있는지 여쭈어보았다. 모두 다소 난감한 표정을 지으면서 이 부근에는 식당이 없다고 한다. 그러면서 할머니 한 분이 배가 고플 것인데 우리 집에 가서 라면이라도 먹고 가라고 하신다. 이것이 시골 인심이고, 따스한 한국의 정(情)이다. 한 끼의 식사에서 감사의 마음을 알게 되었고, 정이 무엇인지 다시 생각하게 된다. 그 길에서 감사와 정을 느끼라고 전국적으로 둘레길이 만들어지고 있는 것이 아닌지 생각해 본다. 길은 소통의 통로가 된다. 소통을 위해서 걸어야 한다.

사람들은 나이가 들어 갈수록 걷는 것이 힘들어진다. 걷지 못하면 모든 삶은 정체될 수밖에 없다. 걷는 자체가 얼마나 축복인가. 걸을 수 있을 때 걸어야 한다.

오래전 싱가포르 총리 '리셴룽'이 고성 해파랑길을 걸었다. 이러한 소식이 싱가포르에 알려지면서, 싱가포르 관광객이 그가 걸었던 길을 걸었다. 그 정도로 해파랑길은 낭만의 길이요, 추억의 길이다. 그러면서 지나온 과거를 회상하는 길이면서, 외로움의 길이면서, 또한 삶의 고마움을 느낄 수 있는 길이다.

제주올레길에서

평생 다니던 직장을 퇴직하면서 꼭 걸어 보고 싶었던 길이 있었다. 그것이 스페인의 산티아고 길이었다. 퇴직 후 곧바로 다른 일을 하게 되면서 그 길은 걷지 못하고 마음속의 길로 남아 있다. 그 길 대신 제주올레길을 걸었다. 올레길을 걸으면서 제주의 또 다른 모습을 볼 수 있었다.

평상시 주마간산(走馬看山) 격으로 돌아보는 관광 차원의 제주와 완전히 다른 모습이었다. 온전히 두 발로 걸으면서 그곳의 작은 마을 골목까지 돌아본다는 것은 근본적으로 그 느낌이 다를 수밖에 없다. 그 길이 나그네에게 삶의 참된 의미를 가르쳐 준 길이었다.

추운 겨울, 올레길 비수기인 12월의 제주는 바람이 차갑다. 무거운 배낭을 메고 인적이 드문 올레길에서 비바람과 추위 속에서 혼자 걷는다는 것은 말 그대로 고행이다. 아침에 일어나서 걷기 시작하면 처음에는 이런저런 생각을 하게 되는데 온종일 걷다 보면 나중에는 아무런 생각이 나질 않는다. 발걸음만 떼어 놓을 뿐 무중력 상태에서 걷는 기분이다. 육체적으로 힘들다는 느낌도 별로 없다. 종교인들이 수행하면서 느끼는 감정이 이런 것이 아닌가 감히 생각해 본다.

식사 일 인분

장거리 도보 여행을 하다 보면 훈훈한 일들도 많지만 그렇지 않은 일들도 가끔 있다. 그해 겨울 나그네의 마음을 춥게 만든 일이 있었다. 점심때가 되어 식당에 들어가서 음식을 주문했는데 혼자라서 식사가 안 된다고 한다. 돈 내고 먹는데 일 인분이라고 안 된다니 황당했다. 식당을 나와서 어디를 둘러보아도 가게나 식당이 보이질 않는다. 어디서 무엇을 먹어야 할지 알 수가 없다.

하루 종일 비바람에 젖은 옷과 질퍽거리는 신발을 신고 걸어가면서 먹는 것이 이렇게 중요한 것이라는 것을 처음 알았다. 올레길 옆에 있는 감귤밭 창고에서 신발을 벗고 물에 젖은 양말을 짜면서 비가 내리는 하늘을 쳐다보고 푸념도 해 보았다.

혼자 무인도에 내팽개쳐지면 이런 기분이 들까. 배고픔과 추위를 견디는 것이 힘들다고 하지만 이런 고통을 겪어 보니 배고픔의 아픔이 어떤 것인지 알 것 같다. 춥고 배고픈 것이 얼마나 서러운 것인지 지금에서야 깨닫게 되는 자신이 부끄러웠다.

사람은 인생의 쓴맛을 보아야 진정한 삶이 무엇인지 알게 된다고 이야기한다. 그 쓴맛이 단순히 배고픈 것도 있겠지만, 먹을 수 없을 때 마음의 상처가 더 컸을 것이다. 이웃을 생각해 본다. 먹을 수 없어서 어려움을 겪는 이웃이 있는지, 그 이웃을 어떻게 보듬어야 할지 깊이 생각하게 된다.

역지사지

식당 주인의 관점에서 일 인분에서 얻는 수익을 생각해 보면 남는 장사가 아닐 수도 있다. 모든 일은 상대방의 입장에서 생각하면 금방 답이 나오는 것이다. 『맹자』의 「이루」편에 역지사지(易地思之)라는 말이 이런 때를 두고 하는 말일 것이다. 너무 섭섭하게 생각하지 말자고 마음을 고쳐먹었다. 그런 일이 있고부터 식당에 들어가기 전에 미리 물어보고 들어갔다. 문전박대를 당해도 섭섭한 감정을 다독일 수 있기 때문이다.

이런 경험을 하고 보니 아무리 돈이 많아도 세상은 마음대로 되는 것이 그리 많지 않다는 것을 알게 되었다. 『주역(周易)』의 「문언전」에 '적선지가 필유여경(積善之家 必有餘慶)'이라고 했다. 살아오면서 평소에 많은 덕을 쌓았더라면 이런 일이 없었을 것이라 자문해 본다.

이 길에서 마음의 욕심을 내려놓을 줄 아는 지혜를 배웠다. 감사의 의미도 알게 되었다. 먼 길을 걷다 보면 스스로 깨우치게 된다. 그래서 어떤 길이든 걸어 보라고 권하고 싶다. 그 길을 걸으면 마음의 짐이 무엇인지 알게 된다. 그리고 행복과 사랑과 베풂도 알게 된다.

제주올레길과 해파랑길을 걸으면서 60년이 넘는 세월을 살아오는 과정에서 미처 느껴 보지 못한 일들을 많이 경험했다. 앞으로 살아가면서 지금까지 가 보지 않았던 길을 가게 되더라도 언제든지 슬기롭게 헤쳐 나갈 수 있는 지혜를 얻었다는 것에 감사하고 있다.

해파랑길을 모두 걸을 즈음 신고 다니던 등산화가 생명을 다했다. 슬플 때나 기쁠 때나 함께했던 분신과 이별할 시간이 다가왔다. 아무리 낡은 신발이지만 이별하는 데 다소의 시간이 필요할 것 같다.

2.
서울둘레길

이 길은 동행의 길이며, 역사의 길이다

　모처럼 햇빛을 보니 마음이 밝아진다. 금년 장마는 50여 일이 넘는 기간 동안 남부지방과 중부지방을 오르내리면서 엄청난 비를 뿌렸다. 그 장마로 재산 피해는 물론이지만 고귀한 인명도 많이 희생되었다. 우리를 그처럼 괴롭히던 긴 장마도 이제 멀리 달아났나 보다.
　금년 여름은 햇빛이 그리운 것을 새삼 느끼게 해 준 계절이었다. 그런데 며칠 사이에 급격한 날씨 변화로 불볕더위가 지속되다 보니 온몸은 땀으로 범벅을 한다. 그 짧은 순간이지만 이젠 강한 햇빛이 싫어진다. '베르디'의 가극 「리골레토」에 나오는 가사에서 여자의 마음은 흔들리는 갈대와 같다고 했다. 날씨가 더워지니 남자의 마음도 별반 다르지 않다.
　비가 그치니 그동안 쉬고 있던 다리 근육에 영양을 공급해 줘야겠다는 생각이 든다. 여러 가지 사회적인 문제로 장거리 이동을 하는 것이 부담스러운 상황이다. 관악산 정상으로 가려니 폭염으로 쓰러질 것 같은 생각이 들어 그늘 아래로 걷기로 한다. 관악산 언저리에 서울둘레길이 있다. 이 코스는 몇 년 전에도 걸었던 길이라 그리 낯설지 않아서 좋다.

짝을 찾는 목소리

사당역에서 관음사 방향으로 올라가면 둘레길로 연결된다. 여기서부터 그늘 아래로 걷기 때문에 햇빛이 비치지 않아서 수월하게 걸을 수 있다. 그늘로 들어서자마자 매미 소리가 귓등을 때린다. 6년 동안 땅속에서 묵언(默言)의 긴 수행을 마치고 딱딱한 껍질을 벗고 처음으로 세상 밖으로 나왔으니 어찌 기쁘지 아니하겠는가.

강한 햇빛이 신호인 양 한 나무에 여러 마리의 숫매미가 암매미를 불러 대는 소리가 쉬이 가는 여름날이 아쉬운 듯 요란스레 울어 댄다. 허물을 벗고 채 한 달이 안 되는 짧은 기간 동안 짝을 만나 후손을 번식하고, 자신은 흙으로 돌아가는 운명을 이미 알고나 있는 듯 열심히 배필을 찾는 소리가 한편으로 측은하게 들린다.

녹색 댐

이곳 관악산은 돌이 많은 산이라 평상시에는 계곡에 물이 없다. 하지만 많은 비가 내린 탓으로 모든 계곡에는 물 흐르는 소리가 들린다. 매미 소리와 물 흐르는 소리가 함께 들리니 선경(仙境)이 따로 없는 듯 새로운 세상에 온 기분이다. 긴 장마 동안 땅속에 머물고 있던 습기가 햇빛이 비치니 제 한 몸 가벼이 하려고 작은 수증기가 되어 하늘 높이 날아오르고 있다.

나무뿌리는 평상시에 흙과 함께 빈 틈새를 만들어 비가 내리면 그 공간에 물을 채운다. 비가 그치면 채워진 물을 천천히 바깥세상으로 내보내면서 모든 생물에게 수분을 공급한다. 나뭇잎도 오십여 일 동안 잎

속에 흠뻑 저장해 두었던 수분을 서서히 뿜어내고 있으니, 숲은 자연적인 저수지 역할을 하고 있는 셈이다. 그래서 삼림(森林)을 거대한 녹색 댐이라 부르고 있다.

가만히 앉아 있어도 땀이 줄줄 흘러내리는 상황인데, 외부의 습도마저 높으니 걷는 것이 땀으로 목욕을 하는 기분이다. 흐르는 계곡물에 간간이 손과 얼굴을 씻어 보지만 잠시뿐이다. 땀으로 목욕을 하다 보니 옷은 금방 세탁을 마친 듯 물이 줄줄 흐른다. 온몸이 땀으로 젖어도 그늘 아래로 걸으면서 자연과 함께하니 이열치열(以熱治熱)이 이런 때를 두고 하는 말이라는 것을 몸으로 느낀다.

하늘에서 별이 떨어지다

낙성대(落星垈)에 도착한다. 고려군이 거란군과 맞서 싸울 때 맹활약했던 강감찬 장군을 모신 사당(祠堂)이다. 나그네는 우리 역사상 3대 명장을 꼽으라면 강감찬 장군과 고구려 때 수나라와 싸웠던 을지문덕 장군, 그리고 조선시대 일본군과 싸웠던 이순신 장군을 꼽고 싶다. 낙성대는 강감찬 장군이 태어날 때 별이 떨어진 곳이라 하여 그렇게 부르고 있다. 나라가 어려운 시기에 장군 같은 분이 계셨기에 한국은 이토록 발전하여 지금껏 잘살고 있노라 감사의 예를 올린다.

큰길을 건너면 다시 그늘 아래로 걷는다. 서울둘레길은 안내 표지가 잘되어 있어 길을 잃을 염려가 없다. 계속 걷다 보면 중간중간 길 안내 표지판이나 주황색 리본이 눈에 띈다. 안심하고 걸을 수 있는 길이 서울둘레길이다. 처음 걸을 때는 이 표지가 눈에 잘 안 들어오는데 한두 개 코스만 걷고 나면 금방 익숙해진다. 이 길은 혼자 걸어도 좋고 둘이 걸어도 좋다. 힘든 코스가 없어서 도란도란 이야기하면서 걸을 수 있는 길이다. 친구와 함께 하고 싶은 이야기가 있다면 이 둘레길을 걸어 보라고 권하고 싶다.

그늘에 잠시 쉬면서 시원한 물 한 모금 마셔 가면서 이야기를 풀어 놓을 수 있는 길이다. 옆에서 우리의 이야기를 들을 사람도 없다. 새소리, 매미 소리, 물소리, 바람 소리, 그리고 나뭇잎이 서로를 포옹하면서 내는 소리까지 들으면 아무리 힘든 이야기를 쏟아 놓아도 모든 것을 녹여 낼 수 있는 것이 둘레길이다.

가슴을 여는 길

그 길은 나의 길이며, 함께하는 친구의 길이기도 하다. 지금까지 걸어온 길은 달라도 지금, 이 순간만은 같은 길을 걷고 있다. 우리는 '함께'라는 '일심동체(一心同體)'가 되는 길이다. 누구나 걸을 수 있는 길이다. 그 길을 함께 걸으면 동지(同志)라는 생각을 하게 된다. 그리고 흘리는 땀방울에 대한 가치를 알게 된다. 가슴이 열리는 길이다. 아프리카 속담에 혼자 걸으면 빨리 가지만, 둘이 걸으면 멀리 갈 수 있다고 했다. 길이란 그런 것이다.

그 길에서 나를 찾고, 힘들고 어려운 이웃의 아픔을 이해할 수 있는 것이 길이다. 누구나 걷는 길이지만 누구와 함께 걷느냐가 중요한 것이다. 인생은 그런 것이다. 미래는 알 수 없는 길을 걸어가는 것이다. 운명은 앞에서 날아오는 돌이고, 숙명은 뒤에서 날아오는 돌이라 했다. 이렇게 길을 걸으면 운명의 돌을 피할 수 있는 지혜를 깨우치게 된다. 그래서 우리는 걷는 것이다.

길을 걸으면 눈으로 보이는 것도 많지만 마음으로 느끼는 것이 훨씬 많다는 것을 알게 된다. 관악산둘레길을 걷다 보면 무당바위가 있다. 이곳은 인류가 문자를 깨우치기 이전부터 백성들의 마음을 치료하던 곳이다. 이것이 우리의 무속신앙(巫俗信仰)이다. 모든 질병은 마음에서 온다고 했다. 마음을 치료하면 질병의 반은 나은 것이다. 옛날에는 그것을 무당이 해결했다.

그렇게 걷다 보면 관악산 일주문을 지나고 호압사까지 오게 된다. 몸에서는 계속 땀이 흐르고 배낭은 허리 아래로 처지지만 마음만은 가벼워진다. 그것이 길이다. 내가 무엇을 내려놓아야 하는지 가르쳐 주는 것이 길이다. 고려 말 화옹선사는 이렇게 말했다.

'청산은 나를 보고 말없이 살라 하고, 창공은 나를 보고 티 없이 살라 하네.'

살아가는 과정에서 아무런 흔적도 남기지 말고 물같이 바람같이 살다 가라 했다.

천주교 성지

호압사(虎壓寺)는 조선 초 경복궁을 건축하는 과정에서 풍수지리설에 따라 창건한 사찰이다. 전국에서 뽑혀 온 유명한 목수들이 경복궁을 세우고 있었다. 그런데 건물의 뼈대를 세워 놓으면 한밤중에 무너지곤 했다. 결국에는 삼성산(三聖山)의 호랑이 꼬리 형국에 절을 지어 이것을 눌러야 한다고 했다. 그래서 지어진 것이 호압사라는 절이다.

호압사에서 조금 떨어진 곳에 천주교 삼성산 성지가 있다. 조선 헌종

5년(1839년)에 발생한 기해박해(己亥迫害)로 새남터에서 순교한 세분(모방, 샤스탕, 앵베르) 성인의 유해를 조선인 신자들이 아무도 모르게 자신의 선산에 묻었다. 세 분 성인의 안식처를 마련해야 한다는 것이 자신의 책무라는 마음의 믿음 때문에 지금은 성지로 변모한 것이다.

 세상사 모든 것은 마음에서 우러나와 행하는 일이어야 즐거운 것이다. 그런 마음은 종교로 터득할 수도 있고, 수도자처럼 길을 걸으면서 깨우칠 수도 있다. 아무리 무더운 여름날이지만 이런 길을 걸으면서 수많은 땀방울을 흘리면 그 땀방울 속에 마음의 믿음도 함께하게 되는 것이다. 그것이 길이다.

서울둘레길 코스 안내표지. 코스마다 시작되는 곳과 끝나는 곳에 안내판과 인증 도장을 찍는 우체통이 설치되어 있다. 전 코스를 걷고 인증도장을 찍으면 서울둘레길 완보증(完步證)을 받을 수 있다.

3.
무릉계곡, 베틀바위 산성길

천 년 전으로 돌아가 그 길을 걷다

　신선(神仙)의 세계라는 것은 인간이 범접할 수 없는 곳에 있다. 그곳은 늘 구름이 끼어 있어 사람의 눈으로 확인이 불가능하다. 사람들은 눈으로 확인하지 못하기 때문에 그저 상상으로 그 모습을 이야기하고 있다. 그 상상에 과장이 더해지니 전설적인 이야기가 된다.
　동양권에 이런 곳이 많다. 그것도 중국이 단연 많다. 우리도 예외가 아니다. 험난한 산줄기에 기암괴석이 구름에 가려 가끔씩 일부만 모습을 드러내는 곳이 있다. 강원도 동해시 무릉계곡이 그런 곳이다.
　조선 선조 때 삼척부사로 있던 김효원(1542~1590)이 쓴 『두타산일기』에 그 내용이 자세히 기록되어 있다. 그 이후 허목(1595~1682)의 『두타산기』, 김득신(1604~1684)의 『두타산』에도 그 기록을 찾을 수 있다.
　그 먼 옛날 나무가 우거지고, 산길도 변변찮은 그곳을 그들은 어떻게 알고 찾아가서 기록으로 남겼을까? 무릉계(武陵溪)라는 이름도 김효원이 쓴 『두타산일기』에 나오는 이름이다.

두타동천

 단원 김홍도 역시 정조의 명을 받아 금강산, 관동팔경 지역을 돌아보면서 그린 화첩(畫帖)인 금강사군첩(金剛四郡帖)에 무릉계곡의 그림이 수록되어 있다. 그림에는 무릉반석에서 풍류를 즐기는 선비와 백두대간의 산세, 그리고 소나무 한 그루까지 아주 세밀하게 묘사한 것을 보면 당대를 주름잡던 묵객(墨客)들의 안목이 지금 세대의 사람들과는 사뭇 다른 감성을 지닌 듯하다.

 그곳은 오랜 옛날부터 풍광이 수려했던지 무릉선원(武陵仙源), 중대천석(中臺泉石), 두타동천(頭陀洞天)이라는 초서체의 글자가 무릉반석(武陵盤石)에 새겨져 있다. 이처럼 옛 선인들이 풍류를 어떻게 즐기고 그것을 예술로 승화시킬 수 있었는지를 현재의 우리는 눈으로만 엿볼 수 있다.

 전인미답의 무릉계곡 베틀바위 산성길이 전부 연결되어 개통되었다. 개통 당시 중국의 장가계(張家界)를 닮았다 하여 한국의 장가계라고 알려지면서 많은 사람들이 방문하였다. 자연의 풍경은 그 자체로 아름다운 모습을 지녔으면 굳이 홍보하지 않아도 요즘 같은 세상은 SNS(Social Networking Service)로 사진과 함께 입소문을 타고 알려지게 된다. 베틀바위 산성길이 바로 그런 곳이다.

 베틀바위 산성길은 무릉교를 시점으로 베틀바위가 있는 시계 방향으로 갈 수도 있고, 관음사가 있는 반시계 방향으로 갈 수도 있다. 어느 방향으로 가든 원점으로 회귀하게 되어 큰 불편함은 없다. 다만, 관음사 방향으로 가면 거리가 멀어지게 되므로 산행에 자신이 없으면 바로 베틀바위 방향으로 올라가면 된다.

처음부터 멋진 풍광을 보려면 베틀바위 방향으로 오르고, 서서히 풍광을 즐기려면 관음암 방향으로 오르면 된다. 나그네는 반시계 방향으로 오른다. 무더운 여름철 이 길을 오르려면 인내심이 필요하다. 눈에 보이는 것은 앞서가는 사람의 엉덩이만 보이기 때문이다. 그 엉덩이가 서서히 눈에서 사라질 때쯤이면 관음암에 도착하게 된다.

관음암

관음암은 고려 태조 때 창건된 암자라고 하니 천 년이 넘는 역사를 가지고 있다. 처음에는 지조암(指祖庵)이라 불렀다. 그 자리는 산쥐가 톱밥을 물어 모아 둔 곳에 암자를 지어 명당이라고 알려져 있다.

그렇게 창건된 암자는 6.25 전쟁을 무사히 넘기지 못하고 소실되었다. 그 긴 역사 동안 수많은 이야기가 켜켜이 쌓여 전해질 만도 하지만 아쉽게도 그런 이야기가 전해지질 않으니 안타깝기만 하다.

그 후 다시 중건되면서 관음암(觀音庵)으로 개칭되었다. 지금은 인법당과 요사채가 있다. 인법당 뒤편에 있는 마애불상은 건너편 미륵바위를 바라보고 있는 듯하다. 긴 세월 동안 마애불과 미륵바위는 무슨 대화를 나누었을까?

이 암자에서 필요한 모든 물품은 스님이나 신자들이 지게로 짊어지고 나르고 있다. 삼화사에서 1.4㎞ 정도 떨어진 이곳으로 짐을 지고 오르려면 족히 한 시간이 걸린다.

산길에서 맨몸으로 올라도 힘들 것인데 등짐을 지고 오르려면 얼마나 힘이 들까? 흘리는 땀방울만큼이나 마음의 수행이 되고 번뇌를 씻어 버릴 수 있겠지만 그 순간순간이 고행일 것이다.

이 또한 불자가 아니면 감히 엄두를 낼 수 없는 일이다. 스님도 공양 수행이 가장 큰일로 다가올 것이다. 그만큼 먹고사는 문제는 종교인이든 비종교인이든 우리 삶의 가장 큰 비중을 차지하고 있다.

우리는 태어날 때 자기가 먹을 숟가락을 가지고 태어난다고 한다. 그것이 금수저인지, 흙수저인지는 그 사람의 운명에 달려 있다. 그 운명은 스스로 개척하면 흙수저가 금수저도 될 수 있다, 그것이 우리가 살아가는 인생이다.

우주 만물이 살아가는 데 주요 핵심은 밥이다. 예로부터 밥이 곧 하늘이라 했다. 나그네 또한 하루 세 끼를 먹기 위해 마음에 없는 일들을 많이 했다. 죽는 날까지 먹어야 한다. 그 밥을 먹기 위해 노동을 한다. 노동은 타의적이다. 그래서 즐거울 수가 없다. 그래도 해야 한다. 그것이 숙명이다.

나그네는 스님의 수고를 덜어 드리기 위해 집을 나서기 전에 쌀 한 됫박을 샀다. 작은 것이지만 모든 물품을 몸소 인력으로 운반한다고 하니, 조그마한 보탬이 되고자 했다. 불교 신자는 아니지만, 불전에 시주를 올리고 삼배(三拜)를 한다. 그 삼배 속에 여러 가지 의미를 담았다.

하늘문

암자를 나와 건너편 두타산성을 바라보고 다시 하늘문으로 올라간다. 오르내리는 산길이 숲으로 되어 있어 걷기에 좋은 길이다. 좌측으로 신선바위가 보인다. 수십 미터는 될 듯한 벼랑에 솟아 있는 바위의 모양이 우리가 흔히 볼 수 있는 모양이 아니다.

신선이 앉았다는 바위, 천기(天氣)가 흐른다는 바위, 음양 조화를 이

룬다는 바위, 자식을 점지해 준다는 바위 등등 여러 가지 내용이 입소문으로 전해지고 있다. 때마침 이 지역에 살고 있다는 여인도 여기서 기도를 하고 있다.

그 바람이 무엇인지 몰라도 내년 이맘때쯤에는 그 소원이 이루어져 있을 것이리라 생각한다. 모든 일은 간절함이 있어야 이루어진다. 그 간절함은 절박함 속에서 나온다.

그렇게 걷다 보면 하늘문이 나온다. 이곳에서는 내려가는 길이다. 거의 90도에 가까운 계단이 눈앞에서 까마득하게 보인다. 경사길은 내려다보면 공포감이 생긴다. 산에 좀 다닌다고 하는 등산객들도 내리막길을 내려갈 때는 더 조심스럽게 내려간다. 오금이 저리지만 어쩌랴. 난간을 잡고 한 계단 한 계단 조심스럽게 내려가다 보면 300여 개의 계단이 끝나간다.

내려온 길을 다시 올려다본다. 하늘문이라는 안내판이 보인다. 이 계단이 없었던 시절에는 어떻게 여기를 오르내렸을까? 우리가 살아가는 과정도 그렇다. 올라갈 때는 힘들지만 목표가 있으니 견딜 만하다. 그런데 정상에서 내려올 때는 긴장이 풀어진다. 그러다 보면 부상을 입게 된다. 올라가는 만큼 내려오는 것도 어렵기는 마찬가지다. 이 과정이 잘못되면 그동안 쌓아 왔던 인생의 전 과정이 무너진다. 우리는 주변에서 이런 일들을 자주 목격하고 있다.

역사의 반복

이곳도 임진왜란 때에는 전쟁터였다고 알려져 있다. 다른 곳도 마찬가지지만 여기서도 많은 군사들이 피해를 당했다고 전해지고 있다. 역사는 반복된다고 했다. 언제 다시 그때와 같은 일들이 일어날지 알 수 없다. 전쟁을 예방하려면 평화로울 때 힘을 길러야 한다.

미국 워싱턴DC에 한국전쟁기념 조형물이 있다. 그곳에 가면 'Freedom is Not Free'라는 표석이 있다. 그렇다. 세상에 모든 것은 공짜가 없다. 우리는 이렇게 중요한 내용을 잊고 지낸다. 역사를 잊은 민족에게는 미래가 없다고 했다. 하늘문에서 처연(凄然)히 스러져 간 군사들을 생각하면서 우리가 이런 것은 아닌지 다시 한번 생각해 본다.

쌍폭과 용추폭포

두타산은 계곡이 깊다. 며칠 전 내린 비로 계곡은 물소리가 요란하다. 폭포에서 떨어지는 물줄기에 힘이 넘친다. 두타산과 청옥산 계곡에서 흐르는 물이 한곳으로 모이면서 떨어지니 천지가 진동하는 듯하다. 이름하여 쌍폭포이다. 이곳은 비가 오면 엄청난 양의 물이 쏟아지는 곳이다. 시기를 잘 맞추어 왔다는 생각이 든다.

조금 위에 용추폭포가 있다. 이곳 역시 용이 승천하는 듯 큰 물기둥이 암벽을 타고 떨어지고 있다. 상단, 중단, 하단으로 된 항아리 모양의 3단 폭포다. 이곳에도 반듯한 바위 위에는 조선 풍류객들이 남긴 시와 이름들이 세월의 흐름을 이기지 못하고 일부 흔적만 남아 있다. 그 흔적 중에 삼척부사 유한준이 썼다는 용추(龍湫)와 어느 묵객이 남긴 '별유천지(別有天地)'라는 암각이 용추폭포를 한마디로 대변하고 있다.

마천루

　미국 뉴욕에 있는 고층 빌딩을 마천루라 부른다. 이곳 두타산에도 마천루가 있다. 엄청난 높이의 절벽이 병풍을 두른 듯 웅장하게 서 있다. 그 바위 건너편에 산길을 만들었다. 그 산길이 중국의 잔도(棧道)처럼 생겼다. 아슬아슬한 산길에 엄청난 높이의 암벽이 보인다. 그 산길에서 바위를 바라보면 뉴욕의 마천루를 바라보는 듯하다고 하여 붙인 이름이다.
　산길은 베틀바위 산성길로 접어든다. 금강산도 식후경이라 했다. 산길에서는 금방 배가 고프다. 배가 고프기 전에 에너지를 보충해야 한다. 한적한 곳에 자리를 잡고 간식을 먹었다.
　사람들은 보통 산에 가면 준비를 철저히 하고 가는데 둘레길이나 산성길이라고 하면 조금 쉽게 보는 경향이 있다. 오늘이 그랬다. 다섯 명이 단체로 온 듯한데 배낭을 메고 온 사람이 없다. 한 사람은 빈손, 한 사람은 물병 하나, 다른 사람들은 작은 가방 하나가 전부다. 어디로 가면 내려갈 수 있는 길이 있냐고 묻는다. 들고 온 물도 동이 났고 배도 고플 것이다.
　이곳은 둘레길이 아니다. 등산길이다. 입구에 주의사항이라도 세워 놓았으면 좋겠다. 작은 산이라도 가볍게 보면 큰 사고로 연결될 수 있다. 산은 늘 존경의 대상으로 바라봐야 사고를 예방할 수 있다.

미륵불과 베틀바위

　우리는 살아가면서 미래에 대하여 막연한 불안감을 가지고 있다. 그런 불안감을 잠재우고 미래를 구제해 줄 것이라 믿었던 것을 미륵불 신앙이라 했다. 세상이 힘들고 어려울 때 고단한 백성들은 미륵불을 찾는다.

두타산에도 미륵바위가 있다. 보는 위치에 따라 미륵불, 선비 모습, 부엉이 모습이지만 옛날에는 먹고사는 문제가 가장 힘들었을 것이다. 그러니 그들에게 중생을 구제해 주는 부처인 미륵불로만 보였을 것이다. 그것도 아주 잘생긴 미륵불이다.

두타산에서 가장 유명한 곳이 베틀바위 전망대다. 가까이 다가가기 어려우니 전망대를 만들어 바라보도록 했다. 건장한 머슴이 삼베 적삼을 벗어던진 것 같은 길쭉한 바위가 베틀바위다. 그 바위는 하늘을 찌르듯 높이 치켜든 창검처럼 보인다.

선계(仙界)에서 옥황상제의 미움을 받고 속세(俗世)로 내려가 베 세 필을 짜 오라는 명령을 받고 이곳에서 베를 짰다는 믿거나 말거나 하는 이야기가 있다. 그 바위에서 어떻게 베를 짰는지는 알 수 없다. 그것을 인간이 안다는 것은 불가능하다. 그래도 누군가가 그것을 보고 후세 사람들에게 들려주었을 것이다. 우리는 지금 그곳을 베틀바위라 부르고 있다.

하산길이다. 아침에 출발했던 곳으로 되돌아간다. 지나고 보니 두타산 무릉계곡 베틀바위 산성길은 반시계 방향으로 가는 것이 조금은 쉬울 듯하다. 베틀바위와 미륵불만 보려면 시계 방향으로 가도 된다.

가다가 힘들면 탈출로로 내려오면 된다. 누가 뭐래도 내 인생은 나의 것이다. 인생에 정답이 없듯이 어디서 무엇을 어떻게 볼 것인지는 자신이 결정하는 것이다. 자신의 운명을 남에게 의지하지 못하듯 이 모든 것은 오로지 자신의 몫이다. 이것이 우리가 살아가는 세상 이치다.

베틀바위 산성길이 만들어지면서 모든 사람들이 자신의 눈으로 그 모습을 볼 수 있도록 전망대가 세워졌다. 이 풍광이 산성길을 대표하고 있다.

4.
강화 역사문화길

강화산성과 강화도령의 흔적이 남아 있는 길

　서울에서 강화도로 가려면 승용차를 이용하거나 대중교통을 이용하게 된다. 어느 교통수단을 이용하든 다리를 건너야 한다. 강화도는 우리나라에서 다섯 번째로 큰 섬이다. 그 섬이 1969년 강화대교가 건설되면서 육지화되었다.

　처음 개통된 강화대교는 지금 상수도관을 연결해 강화도로 수돗물을 공급하고 있다. 그 바로 옆에 신강화대교가 건설되어 많은 차량과 사람들이 섬을 오가고 있다. 2002년에는 강화도 남쪽에 초지대교가 건설되어 강화남부권에서 김포권으로 접근하는 것이 한결 수월해졌다.

　강화나들길 1코스는 강화 버스 터미널에서 시작한다. 대중교통으로 강화도로 가게 되면 이곳이 종점이다. 이곳으로 가는 대표적인 방법은 신촌역 1번 출구에서 강화로 가는 버스를 타면 된다. 다른 방법은 검암사거리역 1번 출구 건너편에 있는 버스정류장에서 버스를 타도 된다. 소요시간은 개략적으로 1시간 30분에서 2시간 정도로 생각하면 된다.

강화산성

　도보 여행 초보자는 강화터미널에서 안내 지도를 보면서 1코스를 찾아가는 데 방향 감각 때문에 착각할 수 있다. 우체국이 있는 방향으로 걸으면서 안내 표지를 보고 가면 실수 없이 따라갈 수 있다. 작은 고개를 넘으면 고려 고종 19년(1232년)에 축조된 강화산성과 함께 동문(東門, 사적 제132호)이 보인다. 지금의 동문은 여러 번 중수(重修)하였다고 기록되어 있어 그 옛날의 모습은 지금과는 사뭇 달랐을 것이다.

　동문과 산성은 고려 시대의 역사적인 유물이지만, 그때의 곤궁한 백성들을 동원하여 이런 성을 쌓은 것도 몽골의 침입에 대비한 고육지책이었을 것이다. 산성은 병자호란 때에 청나라군에게 훼손되었다가, 숙종 때에 성을 보수하였다. 지금도 북한산에 남아 있는 산성을 보노라면 그 높은 곳까지 돌을 운반하여 성을 쌓았다는 것은 보통 일이 아니었을 것이다.

　동문을 돌아 나서면 섬이라는 지형적인 고립 속에서 공역(公役)에 동원되어 힘든 나날을 보냈을 당시의 백성들을 생각하면 가슴이 아려 온다. 지금이라도 국방력과 경제력을 두루 갖춘 힘 있는 국가가 되어야 다시는 그런 역사가 되풀이되지 않을 것이리라.

　성공회 강화성당이 보인다. 1900년에 건축된 순수한 한옥 건축물로 온갖 전란 속에서 백 년이 넘도록 온전하게 보존된 것이 신기하다. 외부에서 보아서는 성당인지, 사대부집인지 알 수가 없다. 안쪽으로 들어가 보아야 그 실체를 알 수 있다.

강화도령

몇 걸음 이동하면 고려궁지(高麗宮址)와 용흥궁(龍興宮)이 나온다. 좌측의 좁은 골목길로 접어들면 용흥궁이 있다. 이 집은 '강화도령' 이원범(李元範)의 가족이 강화도로 유배를 와서 평민으로 살았던 집터였다. 당시의 초가집을 강화유수 정기세가 철종 4년에 기와집으로 새로 짓고 용흥궁으로 불렀다. 정작 철종 이원범은 한 번도 살아 보지 못한 집이 되어 버렸다.

농사나 짓고, 나무를 하러 다녔던 19세의 더벅머리 총각이 졸지에 임금이 되자 백성들은 그 왕을 '강화도령'이라고 불렀다. 정조의 적자 손도 아니고 서자 손이 임금이 되었고, 왕위 수업을 전혀 받지 않은 서자 출신이 왕이 되었다는 사실이 백성들의 입방아에 오르내렸을 것이다.

이원범은 왕위에 오르기 전 강화 마을에 살고 있던 봉이(鳳伊)라는 처녀와 약혼을 한 사이였다. 그러나 조정에서는 철종 2년(1851년)에 안동 김씨인 김문근의 딸과 가례(嘉禮)를 올렸다. 왕권이 땅에 떨어지고 안동 김씨의 세도가 당당하던 조선 말에 임금의 뜻대로 되는 것은 하나도 없었다.

철종은 왕위에 오른 뒤 국내외적으로 어려운 나라의 정치를 해결하려 하였으나 외척 세력의 방해로 되는 것이 없었다. 거기에 더하여 이미 약혼하였던 봉이를 그리워하지만, 이 또한 마음뿐이었다. 결국, 봉이는 조정의 사자(使者)에 의하여 죽임을 당하였다고 전해진다.

모든 것을 포기한 철종은 즉위 15년(1863년) 만에 창덕궁에서 서른세 살의 나이로 승하하게 된다. 만일 그가 강화도에서 평민으로 사랑하는 봉이와 평생을 해로했더라면 얼마나 행복한 삶이 되었을까.

누구나 인생에서 한두 번 정도 쨍하게 볕들 날이 있다고 한다. 하지만 철종인 이원범에게 이러한 왕위가 쨍한 날은 아니었을 것이다. 평범한 소시민인 우리도 살아가면서 크지도 않고 작지도 않은 소중한 행복을 찾아서 지켜 나간다는 것이 쉽지만은 않다는 것을 이곳 강화 용흥궁에서 다시 한번 생각하게 된다.

강화나들길 1코스인 '심도역사 문화길'은 다시 강화산성으로 가는 길로 연결된다. 봄이 오는 오솔길에 자그마한 야생화는 벌써 얼굴을 내밀고 자신을 보고 가라고 손짓한다. 미물(微物)이지만 아주 작은 일벌은 꿀을 따려고 이 꽃에서 저 꽃으로 부지런히 움직이고 있다. 이처럼 봄부터 부지런히 일해야 한다는 일벌의 가르침을 우리는 알고 있기는 하는 것일까.

인공호흡법

북문(鎭松樓)에 다다르니 119 소방대원들이 이곳을 지나는 사람들에게 인공호흡법을 가르치고 있다. 몇 년 전 인공호흡법을 구체적으로 배운 경험이 있기에 체험에 참여했다. 사람 모형체에서 잘하고 있다는 멘트(announcement)가 나온다. 우리는 언제 어디서나 이런 상황이 발생할지 아무도 모르기 때문에 필수적으로 배워 둘 필요가 있는 기술이다.

잠시 산성 위를 걷다가 다시 마을로 내려선다. 밭에서 봄 농사 준비를 하고 있다. 일부 지역에서는 숙성이 덜 된 축산 분뇨를 농지에 살포하여 악취가 풍기고 있다. 농촌에서만 느낄 수 있는 특유의 냄새다. 하지만 축산 분뇨도 완전하게 분해해서 농지에 살포하면 이런 냄새가 나지도 않고, 토양과 농작물에 도움이 되는 농사가 될 것이다.

축산 분뇨 악취가 풍기는 마을을 지나면 물길 모양이 제비 꼬리 같다는 '연미정(燕尾亭)'에 다다른다. 고려 시대에 지어졌다는 설과 조선 시대에 지어졌다는 설이 있는 정자다. 이곳은 한강과 임진강이 만나는 합수(合水) 지점으로 서해로 나가는 길목에 자리 잡고 있다.

강 건너 북쪽으로 마을이 보인다. 지금은 갈 수 없는 황해도 개풍군이다. 잔잔한 물길에 작은 배 하나만 있어도 금방 건너갈 수 있는 곳이다. 이곳 강화에 살고 있는 황해도 실향민들은 항상 그곳을 바라보고 있다. 그들은 세상을 떠나기 전에 반드시 고향을 한 번만이라도 방문할 수 있기를 학수고대하고 있을 것이다.

천주교 성지순례길

강화해협인 염해(鹽海)를 따라서 남쪽으로 내려가면 '갑곶성지'가 나온다. 조선 말 병인양요(丙寅洋擾)와 신미양요(辛未洋擾)를 거치면서 서구의 침략자들이 강화를 침탈하였다. 조정에서는 두 번의 양요(洋擾)를 거치는 과정에서 천주교인들과 내통(內通)하였을 것이라는 빌미로 많은 교인을 이곳 갑곶돈대 아래 백사장에서 처형하였다. 그래서 이곳이 천주교와 성공회의 성지순례지가 되었다. 천주교가 조선에 안착하기까지 수많은 고초와 희생이 뒤따랐다. 종교는 첫발을 내딛기까지 고난이 뒤따르는 만큼 더 고귀해지는 것이다.

조그마한 언덕을 올라가면 강화나들길 1코스의 마지막 지점인 갑곶돈대가 나온다. 고려 시대에는 대몽항쟁의 최전선이었던 곳이다. 조선 말에는 프랑스 함대와 미국 함대가 상륙했던 곳이기도 하다. 이처럼 강화는 항쟁의 격전지이면서 종교적으로 아픔을 간직한 섬이다. 앞으로 이러한 아픔이 되풀이되지 않기 위해서 강력한 국가로 발돋움하는 나라가 되기를 기대해 본다.

심도역사문화길이 끝나는 지점에 강화나들길 안내 표지판이 있다. 지나가는 여행객에게 부탁해서 나그네는 여기서 기념사진을 남겼다.

5.
운탄고도(運炭古道)

아름다운 야생화가 피는 길에 가슴 아픈 이야기도 있다

　소설가 '이옥수'가 쓴 『내 사랑, 사북』에서 '해님이 화절령 산꼭대기에서 고개를 빠끔 내밀자 건너다보이는 산자락 여기저기에 파헤쳐진 탄 더미가 딱지처럼 드러났다.'라고 표현했다. 1970년대 강원도 사북 지역의 풍광을 정확하게 표현한 글이다.

　화절령은 강원도 정선 사북에 있는 고갯마루 이름이다. 고갯마루 주변은 수십 년 전까지 석탄을 캐던 곳이다. 지금은 폐광석더미만 나뒹굴고 있어서 그때의 영화를 가름할 길이 없다. 그래도 그때 생긴 길 때문에 지금은 많은 사람의 발길이 끊이지 않는 곳으로 자리 잡아 가고 있다.

　강원도 사북은 한때 석탄 생산으로 유명했던 지역이다. 70~80년대에는 엄청난 양의 석탄이 생산되면서 지역 경기가 얼마나 좋았던지, 그곳에 살던 개들도 만 원짜리 돈을 물고 다녔다는 웃지 못할 이야기가 있었다. 그리고 비만 오면 도로는 석탄가루가 죽탕으로 변하여 마누라 없이는 살 수 있어도 장화 없이는 살 수 없는 곳이라는 유명한 말을 남긴 곳이기도 하다.

　오죽했으면 당시 그곳의 초등학생들이 미술 시간에 그림을 그리면 개울물을 검은색으로 그렸다는 이야기가 있을 정도로 모든 것이 검은색 일색이었다. 지금도 이곳을 지나면 당시에 석탄을 채굴하면서 남겨진 생채기가 아직도 그때의 모습을 생생하게 말해 주고 있는 것을 볼 수 있다.

석탄을 운반하던 길

해발 천 미터가 넘는 높은 곳에서 캐어 낸 석탄은 한 번도 사람의 손을 타지 않았던 처녀림의 속살을 헤치고 그곳에 도로를 만들어 날랐다. 석탄을 생산하지 않는 지금도 도로는 그대로 남아 있다. 우리는 그곳을 운탄고도(運炭古道)라 부른다. 글자 그대로 석탄을 실어 나르던(運炭) 오래된 도로(古道)라는 뜻이다.

버려졌던 석탄 운반 도로가 운탄고도라는 이름으로 새롭게 태어났으니 세상은 돌고 돌면서 또 다른 모습으로 탄생하는가 보다. 지금도 운탄고도 곳곳에 산재(散在)한 폐탄광이 남아 있는데, 이곳도 잘 관리된다면 후세에 교육적 가치가 있는 유물로 남으리라 생각한다.

그곳은 한겨울 눈이 내리면 파란 하늘을 보면서 걸을 수 있는 길로 알려지면서 많은 사람이 찾고 있다. 지금은 얼마 전에 내린 눈으로 온 천지가 흰 비단옷을 입은 듯 눈이 부시다. 발에 밟히는 소리가 유난히 뽀드득거린다. 얼마 만에 들어 보는 소리인가. 어린 시절 설날이 다가오면 동네 목욕탕에 가서 묵은 때를 벗기는 일들이 있었다. 깨끗한 몸으로 새해를 맞이하려는 마음가짐 때문일 것이다. 몸에 낀 묵은 때를 밀고 나서 피부를 문지르면 뽀드득거리는 소리가 지금의 눈을 밟는 소리와 비슷하다는 생각이 얼핏 든다.

문명이 발달할수록 자연의 소리는 점점 멀어지고 있다. 어찌 눈 밟는 소리만 사라지는 것일까. 어쩌다 밤하늘을 쳐다보면 어릴 때 보았던 무수한 별들은 나이가 들면서 흐릿해진 시력 때문인지 아니면 모두 어디로 떠난 것인지 보이질 않는다.

겨울이라 하지만 포근한 날씨다. 가끔 이렇게 눈이라도 풍성하게 내리면 내 마음도 덩달아 푸근해진다. 여유로운 발걸음으로 눈길을 걸으니 세상에 부러울 것이 없다. 파란 하늘을 올려다보면서 하루 종일 걷고 싶다.

검은 노다지

운탄고도를 품고 있는 백운산은 지하자원이 많다. 일제 강점기 시절부터 개발한 탄광은 해방이 되어서도 계속되었다. 그때 발견된 탄맥(炭脈)을 사람들은 '검은 노다지'라고 했다. 그때부터 이곳은 검은 세상이 되었다. 지금처럼 눈이 오는 겨울이 되어야 잠시 새로운 세상이 열린다.

한겨울에 눈을 밟으면서 운탄고도를 걷는 것은 낭만적인 일이다. 도보 여행의 시작은 만항재(해발 1,330m)에서 시작한다. 우리나라에서 가장 높은 곳에서 차가 다닐 수 있는 도로다. 이곳은 주로 함백산과 백두대간을 걷는 등산객들의 차량이 정차하는 곳이다. 그리고 여름철에는 천상의 화원으로 불릴 정도로 야생화가 지천으로 피는 곳으로 유명하다.

하늘이 유난히 푸르다. 멀리 보이는 산 능선이 흰 눈을 뒤집어쓰고 구불거리며 용틀임 치고 있다. 힘들이지 않고 여유 있게 걷고 있으니 많은 것이 눈에 보인다. 마음의 여유가 생긴다. 길옆에 피어 있는 야생화를 보면서 걷는 착각에 빠진다. 여름철에 걸으면 더 좋을 것이라는 생각이 든다.

이곳을 걷다 보면 아무리 추운 겨울에도 각자의 취미가 따로 있다는 것을 알게 된다. 이렇게 춥고 높은 곳에서 야영하는 사람들이 있다. 추운 밤을 어떻게 보냈는지 궁금해서 물어보니 바닥에 이중 냉기 차단 매트를 깔고 잔다고 한다. 취미는 다양하다고 하지만 참 대단한 사람들이다.

백운산 마천봉(해발 1,426m)이다. 스키장이 연결되어 있다. 슬로프에서 빠른 속도로 하강하는 스키어들을 보니 스키를 배워 보고 싶다. 스키어들은 이곳까지 곤돌라를 타고 올라와서 무려 4㎞에 달하는 거리를 내달리면서 환상적인 희열(喜悅)을 느낄 것이다. 이런 곳에서 스키를 탄다면 오랫동안 추억으로 남아 있을 것이다.

화절령의 애환

화절령(花折嶺)에 도착한다. 화절령은 '봄이면 꽃을 꺾기 위해 여인들이 모여든다'라는 의미에서 붙여진 것이라 한다. 봄이 오면 얼마나 많은 꽃들이 피길래 여인들이 꽃을 꺾으러 이곳까지 왔을 것인지 궁금하다. 이곳은 1970년대 후반까지 탄광에서 일하던 근로자들의 주택인 사택(社宅)이 있던 곳이다. 당시에는 한국에서 가장 높은 그곳에 초등학교도 있었다. 지금 그 자리에는 리조트 건물이 자리 잡고 있다. 그때 이곳에 살았던 부모들의 삶은 갑반(甲班), 을반(乙班), 병반(丙班)이라는 이름으로 하루 3교대 근무로 힘들었을 것이다. 그렇지만 하늘 아래 첫 동네에 지천으로 피는 야생화를 보면서 자란 아이들은 행복했을 것이리라 생각해 본다.

가슴 아픈 이야기

　조금 더 내려가면 과거 동원탄좌 사북광업소의 옛 건물이 보인다. 지하 갱도에서 석탄을 퍼 올리던 로프웨이(ropeway)가 그때의 영화를 말해 주는 듯 우뚝 서 있다. 지금은 1980년 4월의 소용돌이를 잊고 석탄유물전시관이라는 이름으로 바뀌었다. 이곳에서 전시관을 바라보니 그때의 아픔이 생각난다. 배우지 못한 설움과 열악한 저임금으로 울부짖던 광부들의 모습이 눈에 보이는 듯하다. 자식만은 광부로 만들지 않겠다고 모든 역경을 이겨 내고 견뎌 냈던 그들의 울분을 아직도 씻겨 주지 못하고 있다. 역사는 되풀이된다고 한다. 힘들고 어려웠던 시절의 그들이 있었기에 지금의 우리가 있는 것이다.

　당시 '사북사태'라고 불렸던 이 사건은 국내 최대 민영 탄광인 동원탄좌 사북광업소의 어용노조가 광부들에게 불리한 임금 협상을 하면서 일어났다. 광부와 그 가족 6천여 명이 경찰과 충돌하면서 발생한 순수한 노동항쟁이었다. 지금은 대부분의 사람들 기억 속에서 잊히고 있지만, 그 항쟁의 역사는 결코 지워지지 않을 것이다.

　'발터 샤이델'이 쓴 『불평등의 역사』에서 어느 시대나 가진 자와 못 가진 자의 불평등한 현상은 쉽게 해결하기 어려운 부분이라고 했다. 지금과 같이 사회가 안정적으로 발전한다면 소수 엘리트의 잉여 과실 집중화가 더 심해질 것이다. 지금 우리 사회도 각계각층에서 심각한 갈등이 일어나고 있다. 가진 자와 못 가진 자, 배운 자와 못 배운 자, 경영자와 근로자, 청년과 노년의 갈등 등이 사회 통합을 가로막고 있다. 새하얀 눈길을 걸으면서 겨우내 쌓였던 마음의 때를 씻으려고 했는데 또 다른 짐을 지고 내려오는 기분이다.

하이원 리조트 최정상 부근 스키 활강장에 심어진 '샤스타데이지' 꽃이다. 이 꽃이 여름 한 철 이곳을 찾는 관광객에게 커다란 기쁨을 안겨주고 있다.

6.
태종대와 운곡 원천석 선생, 치악산둘레길

정치적인 소용돌이 속에서 지조를 지킨 선비

　입춘이 지나고 우수도 지났지만, 날씨가 차다. 겨우내 기승을 부리던 동장군이 쉽게 물러날 기미가 보이지 않는다. 남쪽은 벌써 매화가 피었다는 소식이 들려오는데 중부지방은 아직 한겨울이다. 그래도 개천 옆에서 자라고 있는 버들강아지는 보드라운 새순을 올리고 있다.

　산간계곡의 굽이진 도로는 작은 하천을 따라 유연한 곡선을 그리면서 자연을 보듬어 안고 이어지고 있다. 강변에 부는 찬 바람이 뺨을 스치지만, 자연과 함께 호흡하는 길을 따라 걷다 보면 봄이 오는 모습을 가슴으로 느낄 수 있다.

　그 길이 치악산둘레길 3코스 종점이면서 4코스 시점인 태종대다. 길가 절벽에 소담스럽게 자리한 자그마한 정자가 보인다. 이름하여 '태종대(太宗臺. 강원도 횡성군 강림면 강림리)'라 불리고 있다. 정자 내부에는 주필대(駐蹕臺)라고 쓰인 비석이 서 있다. 조선 3대 임금 태종이 이곳에 머물렀다 하여 후세 사람들은 그렇게 부르고 있다. 조선 초기 이방원은 이곳을 찾아 옛 스승인 운곡 원천석(耘谷 元天錫) 선생을 뵙고자 하였으나 끝내 만나지 못하고 돌아갔다고 한다.

새로운 나라의 탄생

 육백여 년 전 쓰러지는 고려를 지키려는 훈신(勳臣)세력과 새로운 나라를 세우려는 공신(功臣)세력이 싸우고 있었다. 그중에서 고려 시대에 많은 시를 남긴 학자가 운곡 원천석 선생이다. 운곡 선생은 이성계와 동문수학(同門受學)한 인연으로 이방원의 스승이 되었다.
 운곡(耘谷)이라는 호는 선생이 직접 지으신 호로 부귀공명(富貴功名)을 버리고 산속에서 농사를 지으며 생활한다는 의미이다. 조선 개국의 소용돌이 속에서 절개와 의리를 지킨 선비, 새로운 정치적 흐름을 따를 것인지에 대하여 고민할 필요가 없었던 선비, 오늘날 우리에게 시사하는 바가 크다.
 당시 운곡 선생은 입신양명(立身揚名)을 바라는 부모의 뜻을 저버릴 수 없어 진사시험에 합격하지만, 벼슬에 뜻이 없어 강원도 횡성군 강림면으로 내려와 초당을 짓고 초야에 묻혀 세월을 관조하면서 많은 시를 남겼던 분이다.
 운곡 선생은 이방원의 거듭된 요청에도 불구하고 중앙에 나갈 마음이 없었다. 자신이 가르쳤던 세자가 임금이 되었다는 것은 잘된 일이지만, 고려를 뒤엎고 새로운 나라를 이룩한 세력에 영합하는 것은 선비의 도리가 아니라고 보았다.

수레너미길

 원주시 소초면 학곡리와 횡성군 강림면 강림리 사이에는 옛날부터 이곳 사람들이 물물교환을 하면서 다니던 옛길이 있었다. 그 길은 태종

이방원이 운곡 선생을 만나기 위하여 수레를 타고 넘었다고 하여 지금까지 수레너미길로 불리고 있다. 임금의 자리에 있을 때 세 번, 상왕(上王)이 된 이후에 한번, 모두 네 번이나 운곡 선생을 만나려고 하였으나 만날 수 없었다.

겨울 끝자락의 찬 바람이 불어오는 수레너미길에는 아직도 얼음이 얼어 있다. 지금은 그길로 도보꾼들이 다니고 있다. 당시 길이 좋았다면 마차를 타고 넘었을 것이다. 그러나 가파른 산길이라 마차 대신 수레를 타고 넘었다고 생각하니, 그 수레를 끌고 올라갔던 군졸들은 얼마나 힘들었을까. 그때를 생각하면 이 추위쯤이야 아무것도 아니라는 생각이 든다.

당시 태종대 건너편 개천 옆에서 노파가 빨래를 하고 있었다. 태종이 노파에게 운곡 선생이 어디로 갔는지 물었다. 먼저 길을 떠난 운곡 선생은 누군가가 나의 행선지를 물으면 반대 방향으로 갔다고 이르라고 했다. 노파는 나중에 길을 물은 사람이 임금이라는 사실을 알고, 불경죄를 지었다고 생각한 끝에 강물에 몸을 던졌다.

후세 사람들은 그곳을 노구소라 불렀다. 어찌 보면 두 사람의 관계로 무고한 노파의 생명을 앗아 간 결과를 낳았다. 그 후 사람들은 노파의 넋을 달래려고 노구사라는 사당을 지었다. 지금 이곳에 동상이 서 있는데, 태종, 운곡, 노파 세 사람 모두 서로 등을 돌리고 앉아 있는 형상을 보면서 그 시대의 불가피했던 상황을 암시하고 있는 듯했다. 사후(死後)에도 세 사람은 서로의 생각이 달랐기에 이런 모양으로 만들어진 것으로 보인다.

은자의 삶

 이방원은 운곡 선생을 만나려고 네 번이나 치악산을 찾았으나 스승은 그를 만나지 않으려고 더 깊은 변암(弁岩)이라는 곳으로 숨어들었다고 한다. 후세 사람들은 운곡 선생이 가신 날을 알지 못할 정도로 은자(隱者)의 삶을 살았는데, 그 생활 역시 쉽지는 않았을 것이다. 그러함에도 선생은 끝까지 시류(時流)에 영합하지 않고 자신의 길을 갔던 것이다.
 운곡 선생은 쓰러져 가는 오백 년 역사의 고려를 바라보면서 얼마나 슬퍼했을까. 어찌할 수 없는 입장에서 후일 고려의 수도였던 개경을 찾은 선생은 거기서 시(懷古歌) 한 수를 읊는다.

 흥망(興亡)이 유수(流水)하니 만월대(滿月臺)는 추초(秋草)로다.
 오백 년 왕업(王業)이 목적(牧笛)에 부쳤으니
 석양(夕陽)에 지나는 객(客)이 눈물겨워 하노라.

 운곡 선생은 부귀영화(富貴榮華)를 버리고 산골에서 농사를 지으면서 질곡(桎梏)의 세월을 보내셨다. 많은 세월 동안 불사이군(不事二君)이라는 선비의 철학을 몸소 실천하신 분이다. 태조 이성계와 동문수학한 친구 사이였으니 시류에 영합(迎合)한들 누가 뭐라 하겠냐마는 굳이 이를 물리치신 선생의 곧은 의지는 시대의 귀감이 되리라.
 선생의 유해는 원주시 행구동 양지바른 곳에 영면하고 계신다. 이 자리는 당시 무학대사가 점지해 준 자리인데 후세들이 붓을 들고 세상을 올바르게 살라는 의미로 묘지 주변에 붓꽃을 심었다고 하는데, 많은 세월이 지나서일까, 지금은 고사리가 그 자리를 차지하고 있다.

운곡 선생은 고려 충절의 의리를 지킨 선비로 길이길이 기억될 것이다. 육백여 년 전이나 지금이나 시대가 변해도 대부분의 사람은 권력의 가까운 거리에서 부귀영화를 꿈꾸고 있다. 어지러운 이 시대에 운곡 선생과 같은 신선한 인물이 왜 없을까. 다시 한번 환생하셔서 이 혼란한 세상을 멋지게 이끌어 주시면 얼마나 좋을까.

태종대 정자각. 그 안에 주필대라는 비석이 있다. 정자 바로 아래 바위에도 태종대라고 새겨진 암각문이 있다. 그 건너편에는 태종, 운곡 선생, 노파의 동상이 서로 다른 생각을 하는 듯 등을 대고 자리 잡고 있다.

7.
지리산둘레길

시대가 변해도 옛것을 알려면 이 길을 걸어야 한다

우리나라에는 많은 둘레길이 있다. 가장 먼저 만들어진 둘레길이 제주도 올레길(26개 코스, 425㎞)이다. 그 이듬해에 지리산둘레길이 개통(22개 구간, 285㎞)되었다. 처음에는 마을과 마을을 연결하는 식으로 만들었다. 그러면서 마을과 오솔길을 연결하고, 여기에 역사와 문화를 연계시켜 이야기가 있는 길을 만들었다.

이 길은 지역에 살던 마을 사람들의 구전(口傳)과 경험에 의하여 만들어진 길이다. 2008년에 첫 구간(남원 산내~함양 휴천)이 열렸다. 처음 만들어진 길은 많은 도보꾼들의 입소문으로 알려지기 시작했다. 그동안 알려지지 않았던 은둔의 마을이 사람들이 오고 가는 마을로 변화되어 갔다.

시작은 어렵다

이 길이 처음 개통되고 지역 주민들과 도보꾼들 사이에 갈등도 있었다. 그동안 야생동물 이외에는 농작물이 훼손되는 일이 없었다. 그런데 도보꾼들이 다니기 시작하면서 길옆에 자라고 있는 농작물에 손을 대는 일이 일어나곤 했다. 가지고 온 음식물 등을 먹고 버린 쓰레기로 인하여 청정한 도보길이 쓰레기로 오염되는 문제점도 있었다. 초기에는 주민들의 민원 등이 많았다고 한다. 지금은 그런 문제점은 없어지고 글자 그대로 주민과 도보꾼들이 하나가 되는 길로 정착되어 있었다.

지리산둘레길은 전체적으로 보면 원형으로 되어 있어서 어디에서 시작하더라도 최종적으로는 원점으로 회귀하게 되어 있다. 1구간 시점인 주천에서 시작하면 시작점이라는 의미가 있을 것으로 생각하여 여기서부터 걷기로 한다.

그리로 가려면 용산역에서 기차를 타면 편리하다. 남원역에 도착하면 시내버스가 기다리고 있다가 출발한다. 다른 방법은 남부터미널에서 출발하는 남원행 고속버스를 이용해도 된다. 시내버스를 타면 남원 읍내를 거쳐 둘레길 1구간 시점인 주천치안센터에 내려 준다.

기차 타고 버스 타고 1구간 첫머리에 내리면 점심시간이 된다. 금강산도 식후경이라 했다. 무더운 여름철에 먼 길을 가려면 에너지를 보충해 주어야 한다. 들머리 입구 우측에 있는 다리 너머로 보면 식당이 눈에 보인다. 여기서 점심을 해결하면 된다. 이 식당은 보기보다 청결하고, 음식 맛도 좋다. 식사 전에 미리 안내 센터에서 안내 지도를 받아두면 가는 길이 불안하지 않다.

주천~운봉길

지리산둘레길 입간판이 정겹게 설치되어 있다. 먼 길을 떠나는 순례자처럼 배낭을 둘러멘 사람 모형이 가야 할 방향을 걸어가고 있는 듯하다. 중간 지점에는 가게가 거의 없기 때문에 출발 전 인근에 있는 가게에서 물과 간식 등을 준비하면 좋다.

한 시간여를 걸으면 산길로 접어든다. 여기서부터 전형적인 산길을 걷기 때문에 한결 수월하다. 지리산둘레길의 안내 표지는 다른 지역과 달리 통나무를 가공하여 방향을 안내하고 있다. 어떻게 보면 자연 친화적인 아이디어로 볼 수 있다. 적색이 시계 방향, 흑색이 반시계 방향을 표시하고 있다. 서서히 고도가 높아지는 산길을 오른다. 산길이지만 아름다운 숲길로 되어 있어서 걷기에 아주 편한 느낌이다.

연리지목이 보인다. 소나무 두 그루가 한 몸으로 뒤엉켜 꼭 안고 있다. 사랑하는 남녀가 평생을 해로하지 못하고 이별하는 것이 못내 서러워 마을 뒷산에서 소나무로 화하여 연리지목이 되었나 보다.

이렇게 아름다운 길만 있는 산인 줄 알았는데 칠십여 년 전으로 돌아가면 가슴 아픈 일들이 일어났던 곳이다. 지리산은 6.25 전쟁을 전후하여 좌우 이념 갈등으로 낮과 밤이 다른 생활을 하면서 무고한 생명들이 흔적도 없이 스러져 간 곳이기도 하다. 작가 '이태'가 지은 『남부군』이라는 책을 읽어 보면 원하건 원하지 않았건 부지불식간에 한쪽으로 편들 수밖에 없었던 그들의 생활이 얼마나 고단했을까를 생각하게 하는 산이기도 하다.

모두가 지리산 주변은 산으로 되어 있는 줄 알지만 널따란 평지도 있다. 산길을 나서면 평야가 펼쳐진다. 그리고 넓은 저수지도 있다. 말이 지리산이지 넓은 들판이 무척 많다. 그래서 당시 지리산 빨치산들이 굶어 죽지 않고 7년 동안 보급투쟁(식량 구하기)을 계속하면서 연명할 수 있었던 것이 아닐까 생각해 본다.

힘들어도 걸어야 하는 길

중군마을에 들어선다. 여기서부터 다시 힘든 산길이 시작된다. 같이 걷던 일행 중에 한 사람이 둘레길에 등산길이 왜 이리 많으냐고 불평을 한다. 걷는 것이 힘들다는 의미다. 걷는 것이 힘들다고 생각하면 할수록 힘이 더 들게 되는 것이다.

화엄경에 일체유심조(一切有心造)라는 말이 있다. 모든 것은 마음먹기에 달려 있다. 먼 길을 걷는다는 것은 고행이면서 수행이다. 힘든 과정을 끝내고 목적지에 도착하면 새로운 자신을 발견하게 된다. 그래서 사람들은 힘들지만, 순례자처럼 묵묵히 길을 걷는 것이다. 사람이 살아가는 과정도 이렇다. 좋은 일이 있으면 나쁜 일도 있다. 그 모든 것을 감내하고 가는 것이 인생이다.

산길은 야생화 천지다. 이질풀이 눈에 띈다. 이 꽃이 결실할 때가 되면 꽃잎이 서서히 뒤로 넘어가는 모습이 보인다. 언젠가 강원도 정선에 있는 만항재에 야생화를 보러 간 적이 있었다. 그때 야생화 해설사가 한 이야기가 생각이 난다. 이질풀은 수정하기 전에는 꽃잎이 앞으로 모이게 피는데 수정을 하면 잎이 뒤로 넘어간다고 했다. 그러니 더 이상 나를 건드리지 말라는 자연의 언어인 것이다.

오늘 하루 걸어온 길을 뒤돌아보니 멀게만 느껴진다. 저 먼 길을 걸어왔으니 다리도 아프다. 일행이 하루를 묵어갈 숙소를 찾아 본다. 비수기라 그런지 숙박이 가능한 집들이 보이질 않는다. 마침 둘레길을 걷던 마을 주민을 만났다. 소개해 준 집으로 가니 집에는 아무도 없다. 전화로 연락하니 숙박이 가능하다고 한다.

전화하고 집 앞에서 기다리니 주인이 나타난다. 시골 대낮은 집안에 사람들이 있는 경우가 거의 없다. 대부분 농사일로 밖에 나가 있다. 거실로 들어서니 솜씨 좋은 안주인의 목공예 작품이 눈에 띈다. 시간 나는 대로 틈틈이 만들었다고 한다.

등구령 쉼터

안주인이 중황리 마을에 정착하게 된 이야기도 들었다. 충남에서 태어난 안주인은 경남에서 직장을 다니던 남편을 만나 결혼을 했다. 그런데 남편은 결혼 이 년 만에 직장을 그만두고 첩첩산중인 남편의 고향인 중황리로 돌아가겠다고 했다.

안주인은 귀향하겠다는 남편의 의견을 무시할 수도 없고, 결혼을 도로 물릴 수도 없는 처지라 남편을 따라 들어왔다. 이곳에 와서 처음 사흘 동안 아무것도 먹지 않고 울기만 했다는 당시의 새댁은 이제 이 마을에서 유명한 인사가 되었고, '등구령 쉼터'의 운영자가 되었다.

이 쉼터에서 이십여 분을 걸으면 등구령 고개가 나온다. 이 고개만 넘으면 전북 남원시에서 경남 함양군으로 지역이 바뀐다. 함양군 창원 마을로 들어서면 지리산 정상(천왕봉)이 보인다. 오늘따라 하늘이 너무 곱다.

지리산 천왕봉을 바라본다. 언제 보아도 푸근한 한국의 어머니 산이다. 힘들고 지칠 때마다 모든 사람들을 받아 주는 산이 지리산이다. 6.25 전쟁 와중에도 좌우를 가리지 않고 모든 사람을 품어 주었던 산이다. 그 산에서 스러져 간 수많은 영령을 온전히 품어 주는 숭고한 산이 지리산이다. 언제라도 가고 싶은 산이 지리산이다.

등구령 쉼터에서 아침 식사를 마치고, 함께한 일행 네 명이 기념 촬영을 하였다.

8.
문무대왕릉과 공양왕릉

죽어서도 나라를 지키겠다는 왕과 쓰러져 가는 나라의 마지막 왕

여름 휴가철이 아닌 동해안 바닷길은 한적하다. 바다는 하루 종일 쉬지 않고 파도를 일으킨다. 파도는 살포시 밀려오는 흰 물거품의 부드러운 날갯짓으로 때 묻지 않은 순백의 백사장과 즐거운 놀이를 하고 있다. 따스한 봄날의 해변을 걸으면 파도가 어루만진 백사장은 곱디고운 명사십리(明沙十里) 길이다.

이 길에서 느끼는 시원한 촉감이 발끝으로 전해진다. 수없이 밀려오는 파도는 흔적을 남긴 발자국을 언제 그랬냐는 듯 지우고 새로운 놀이터를 만들고 있다. 이렇게 아름다운 길에도 지나간 역사의 영욕(榮辱)이 스며 있다.

경주 동쪽에 봉길 해변길에 문무대왕릉이 있다. 문무대왕릉은 두 곳이다. 울산에 있는 울산 대왕암은 문무대왕 왕비 무덤이고, 경주 봉길리에 있는 문무대왕릉은 문무대왕의 수중 무덤이다. 울산의 수중릉(水中陵)은 다리로 연결되어 있어서 직접 내려다볼 수 있으나, 봉길리의 문무대왕릉은 육지와 이백여 미터 정도 떨어져 있는 바위섬으로 직접 눈으로 볼 수 없는 곳에 있다.

동해의 지킴이가 되다

　대왕암은 삼국통일의 위업을 완성한 신라 30대 문무대왕(재위 661~681년)의 해중릉(海中陵)이다. 대왕암은 사방으로 연결된 수중(길이 3.6m, 너비 2.9m, 두께 0.9m)에 화강암으로 덮여 있다. 문무왕은 죽어서도 스스로 동해의 용왕이 되어 왜구의 침입을 막아 보겠다는 일념으로 바닷속에 묻어 달라고 유언한다. 이것이 대왕암이다.

　대왕암 근처에 있는 감은사지(感恩寺址)는 문무대왕이 삼국을 통일한 후에 왜구의 침입을 막기 위하여 절을 짓기 시작했고, 신문왕(神文王) 2년(682)에 완성했다는 기록이 있다. 감은사지에 가 보면 금당(金堂) 아래에 돌을 물길처럼 만들어 놓은 것을 볼 수 있다. 이것은 문무대왕이 사후에 용(龍)이 되어 감은사를 드나들 수 있도록 물길 모양으로 놓았다고 하니, 왜구(倭寇)로부터 나라를 지키겠다는 마음이 얼마나 절실했는지를 느끼게 해 주는 단면을 볼 수 있다.

　감은사(感恩寺)라는 절 이름도 부왕인 문무대왕의 은혜에 감사한다는 의미라고 한다. 감은사지에는 동서에 높이 13.4m의 3층 석탑이 있다. 1959년 12월에 서탑(西塔)을 해체하면서 보수하였을 때 사리가 발견되었다. 동탑(東塔)도 1996년 4월에 해체·보수하였는데, 이 역시 금동사리함이 나왔다고 한다.

　같은 산기슭에 이견대(利見臺)가 있다. 이 정자는 문무대왕릉이 잘 보이는 언덕 위에 있다. 이곳은 1970년에 건물터를 발견하고, 신라 건축양식을 추정하여 지어졌다고 기록되어 있다. 여기에 앉아 바다를 바라보니 천 년 전 그때로 되돌아간 듯한 착각이 든다.

비운의 왕

동해안 바닷길에는 또 다른 왕릉이 있다. 고려의 마지막 왕인 공양왕릉(恭讓王陵)이다. 이 왕릉은 강원도 삼척 궁촌(宮村)에 있다. 마을 이름이 상징하듯 궁궐이 있었다는 뜻일 것이다. 고려 말 이성계는 고려 왕손의 먼 친척인 왕요(王瑤)를 임금의 자리에 앉힌다. 그러다가 3년 만에 폐위시키고, 머나먼 삼척으로 유배를 보낸다. 그곳이 궁촌(宮村)이다. 유배를 온 지 얼마 되지 않아 왕요는 목이 졸려 숨진다.

사라진 나라의 폐위된 왕이라 변변한 무덤을 마련하지 않았을 것이다. 그래서 능에는 그 흔한 비석이나 석물(石物)도 없다. 능 옆에는 공양왕의 삼부자가 안장되어 있다고 하는데 분묘는 전부 사기(四基)로 되어 있다. 그중에서 가장 작은 것이 뒤에 있는데 아마도 왕의 시녀나 왕이 타던 말이 아닌가 추측하고 있을 뿐이다(경기도 고양에도 공양왕릉이 있다).

공양왕이라는 시호는 조선 태종 때 왕요에게 공양왕이라는 시호를 내렸다고 한다. 공양왕(恭讓王)이라는 의미는 '공손하게 왕위를 양보하다.'라는 뜻이라 하니 고려의 시조인 태조 왕건이 하늘에서 내려다보면 경천동지(驚天動地)할 일이다. 역사는 승자의 관점에서 서술될 수밖에 없는지 안타깝다. 공양왕릉을 보면서 새로운 국가의 탄생도 힘든 과정을 거쳐야 하지만, 그 나라를 끝까지 지킨다는 것 또한, 얼마나 어려운 것인지를 깨닫게 해 준다.

찬란한 불교문화

찬란한 문화를 자랑하던 신라도 천 년을 넘기지 못하고 사라지게 된다. 쓰러지는 신라를 바라보면서 아무것도 할 수 없는 자신을 한탄했던 신라의 마지막 왕자인 마의태자는 얼마나 가슴이 아팠을까. 경순왕의 아들이었던 마의태자는 그 비통함을 가슴에 안고 금강산으로 향한다. 당시 마의태자의 통한(痛恨)을 천 년 후의 정비석 소설가는 그의 수필 『산정무한』에서 이렇게 회상하고 있다.

'고작 칠십 생애에 희로애락을 싣고 각축하다가, 한 움큼 부토로 돌아가는 것이 인생이라 생각하니, 의지 없는 나그네의 마음은 암연(黯然)히 수수(愁愁)롭다.'

『산정무한』의 마지막 부분의 글을 생각하면 가슴이 아프다. 작가는 어떻게 이런 언어로 가슴 절절히 그 시대의 태자 마음을 섬세하게 표현할 수 있었는지 경이로울 뿐이다.

신라는 찬란한 불교문화를 꽃피우면서 태평성대를 누렸으나, 천 년이라는 역사를 넘기지 못하고, 992년 만에 고려라는 새로운 국가에 정권을 넘겨주게 된다. 고려 또한 오백 년의 역사를 뒤로하고, 조선이라는 새로운 국가로 다시 태어나게 된다. 조선 또한 오백 년의 한 많은 역사를 뒤로하고 사라진다.

옛날에는 한 나라가 세워지고 사라지는 것은 많은 세월이 지나야 일어났지만, 급변하는 현세대에서는 그 또한 맞지 않다는 것을 우리는 두 눈으로 보고 있다. 현명한 지도자, 분별력 있는 백성, 그리고 이웃 나라와 힘의 균형을 유지할 수 있는 외교력과 군사력이 있어야 국가를 지킬 수 있는 것이 아닐까 하는 것은 나그네 혼자만의 생각은 아닐 것이다.

감은사지에 남아 있는 석탑. 이 탑은 동쪽에 있는 동탑이다. 탑을 자세히 살펴보면 탑신에 총탄 자국 같은 것이 보인다. 아마도 6.25 동란 중에 발생한 것이 아닌지 추정해 본다.

9.
제주올레길 단상

하루의 수고를 편안하게 내려놓을 수 있는 길

3월의 제주는 온천지가 꽃밭이다. 어디를 가든 지천에 꽃들이 흐드러지게 피어 있다. 해안이나 중산간이나 유채꽃, 동백꽃, 무꽃, 제비꽃, 현호색 등이 반갑게 손님을 맞아 주고 있다. 특히 제주의 검은 돌을 배경으로 노란색으로 피어나는 유채꽃은 가히 꽃 중의 꽃이라 말할 수 있다.

제주 시내를 비롯하여 사라봉과 별도봉은 벚꽃으로 뒤덮여 있다. 아스팔트 포장길에 떨어진 벚꽃은 소금을 뿌려 놓은 듯 산책길을 하얗게 물들여 놓고 있다. '김소월'의 「진달래」 한 소절이 저절로 입에서 나온다.

'가시는 걸음걸음 놓인 그 꽃을 사뿐히 즈려밟고 가시옵소서.'

아름다운 꽃도 비바람이 한번 휘몰아치면 벚나무는 꽃과 이별하고 그 자리에 잎을 피워 올린다. 꽃과 잎이 서로 만날 수 없는 애달픈 사연이 떨어진 꽃잎에 뭉텅뭉텅 묻어나오는 듯하다.

집으로 가는 길

제주의 올레길은 마을길에서 집으로 들어가는 작은 골목길을 말한다. 그 골목길에는 하루의 마감이라는 안도감과 집이라는 포근함이 배어 있다. 그 길로 가는 길에는 마을로 가는 골목길도 있고, 바닷길도 있다. 이 길은 번잡하지 않고 호젓한 길이다. 나그네는 시골에서 자랐기 때문에 그런 길에 들어서면 눈에 많이 익은 듯 살아온 지난날이 한눈에 보이는 듯하다.

이 길은 밭에서 키우는 농작물이 무엇인지 알 수 있고, 길가에 피어난 야생화가 이리도 아름다울 수 있는지도 느끼게 해 주는 길이다. 또한, 고려 원종 때 삼별초군이 제주로 들어오는 것을 방어하기 위하여 돌로 쌓아진 성(城)인 환해장성(環海長城)도 볼 수 있는 길이다.

과거에 제주는 해안을 중심으로 어촌과 농촌이 두루 혼재된 마을로 구성되어 있었다. 해안에서는 어업을 하였고, 중산간 지역에서는 목축과 농사를 지으면서 살아왔다.

조선 시대에는 관아(官衙)가 주로 제주시에 자리 잡아서 섬의 중심지가 되었다. 1970년대 초까지 관광이 발달하기 이전에는 제주시가 경제와 문화의 중심지였다. 그 이후 관광이 주류를 이루면서 서귀포가 주목을 받는 지역으로 변화되었다.

제주 사람들은 1970년대 이전까지 서귀포에서 제주시로 진학하면 유학을 왔다는 표현을 했다. 그러나 지금은 관광객이 서귀포를 많이 찾고 있으니 격세지감(隔世之感)이다.

사람이 그리운 길

 매년, 이맘때쯤 날씨가 따뜻해지면 올레길을 걷는 사람들이 차츰 늘어난다. 그러나 한여름에 비하면 지금이 비수기임에는 틀림이 없다. 이런 때는 하루 종일 사람 구경도 못 하고 걷는 날이 있다. 그런데 그렇지 않은 날도 있는가 보다. 혼자 부지런히 걸어가고 있는데 앞서서 중년의 여자들 세 명이 걷고 있다.
 여자들은 별일 아닌 대화에도 웃는 횟수가 남자보다 훨씬 많다. 그러니 모르는 사이라도 5분만 지나면 금방 언니, 동생 사이로 변한다. 뒤따라 걷다 보니 자연스레 그녀들의 대화를 들을 수밖에 없다. 남자나 여자나 끼리끼리 모이면 재미있는 소재가 공통적인가 보다. 길벗이 없는 나그네는 그녀들의 대화 과정에 잠시 끼어든다.
 "안녕하세요? 올레길을 걸으시나 보네요?"
 "네, 단체로 제주 관광을 왔는데 우리는 제주에 여러 번 왔기 때문에 걸어 보지 않은 올레길을 걸어 보려고 나왔어요. 그런데 왜 혼자 걸으세요?"
 "네, 같이 걸을 동반자를 찾아 함께 걸으려고 했는데 마땅한 사람이 없네요."
 "그럼 현지에서 찾아도 많을 건데 지금 시도해 보세요."
 "그래요. 그럼 소개해 주실 수 있나요?"
 "여기 있는 여자들 셋 모두 데리고 걸으셔도 되는데요."
 그녀들의 환한 웃음소리가 터진다.
 "셋씩이나 거느릴 능력이 안 되니 한 분만 부탁드립니다."
 "욕심이 없으시나 보네요."

또다시 터지는 그녀들의 웃음소리에 나그네도 따라 웃었다. 이렇게 올레길은 비수기지만 가끔은 재미있는 사람들을 만날 수 있는 길이다.

고뇌의 길

다시 혼자 걷는다. 얼마를 걷고 있노라니 젊은 여자가 걷고 있다. 혼자 걸으면 무섭지 않으냐고 했더니 그렇지 않다고 한다. 부산에서 왔는데 나이는 이십 대 후반이고, 십팔 일째 이렇게 여행 중이라고 한다. 유명 관광지도 돌아보고, 올레길도 걸으면서 다니고 있다고 한다. 학교 졸업 후 삼 년 차인데 일 년 동안 직장에 다니면서 여행 경비를 마련하여 제주 여행을 왔다고 한다. 이 여행이 끝나면 무엇을 할 것이냐고 물으니 아직은 별다른 계획은 없다고 한다.

요즘 같은 시기에 직장을 구한다는 것이 쉬운 일은 아니다. 지금까지 가 보지 않은 길을 걸으면서 아름다운 미래를 설계해 본다면 좋은 결과가 있을 것이라는 생각을 해 본다. 이렇게 사는 젊은이의 모습이 한편으로 부럽기도 하지만, 한편으로는 가슴 짠한 그림자가 스쳐 지나간다. 어떻든 이 여행이 끝나고 나면 더 멋진 인생이 펼쳐지기를 바란다고 하면서 나그네는 가던 길을 재촉했다.

올레길은 빨리 걷기 위한 길이 아니다. 천천히 걸으면서 아름다운 과거도 돌이켜 보고 안개 낀 듯한 앞날도 더듬어 보는 길이다. 그 길에서 무엇이든 하나라도 느끼면 걷는 가치를 얻는 것이다.

대평포구를 조금 지나면 언덕을 오르는 길이 나타난다. 이 길에 갑자기 이십여 명이 넘는 중년의 남녀들이 왁자지껄하는 모습들이 보인다. 가까이 가서 물어보니 제주 안덕중학교 동기생들 모임에서 올레길을 걷는다고 한다. 오십 대 중반의 나이에 이렇게 모여 중학교 시절로 돌아가 그때를 이야기하면서 대화를 한다는 것이 얼마나 행복한 일인가. 올레길은 바로 이런 길이다.

게스트하우스(guest house)에서 하룻밤을 묵었다. 게스트하우스 주인은 몇 년 전 경기도에서 요양 차 이곳 제주로 왔는데, 제주 신공항 때문에 마음이 심란하다고 한다. 게스트하우스는 공항 편입 예정지는 아니지만, 신공항이 들어서면 종일 비행기가 이착륙하게 될 것인데, 비행기 소음이 생활에 많은 지장을 줄 것이라고 얘기했다.

제주가 현재처럼 개발만 계속한다면 제주다운 멋은 사라질 것이라고 우려한다. 어떻든 제주의 현실과 미래에 대하여 제주도민과 전문가들이 심각하게 고민해 보아야 할 과제임에는 틀림이 없는 것 같다.

그래도 걸어야 한다

올레길을 걷다 보면 비가 내리는 날도 있다. 예보된 날씨라지만 새벽부터 비가 내리면 마음이 심란하다. 걷기를 진행해야 할지 말지 갈등이 생긴다. 비만 오면 괜찮은데 바람까지 불고 있다. 비가 내린다고 그냥 숙소에 가만히 앉아 있을 수는 없다. 사람이 살아가는 과정이 매일 따뜻한 햇살만 비치는 좋은 날일 수는 없는 것이 아닌가. 배낭을 챙겼다. 비가 오더라도 걷기로 했다. 모든 것을 새롭게 시작하겠다고 길을 나섰는데 비가 무슨 대수인가.

숙소를 출발한 지 한 시간이 지났을까, 등산화 속으로 빗물이 들어온다는 느낌이 든다. 방수 신발이라고 하지만 바지를 타고 내리는 빗물이 신발 속으로 스며드니 아무리 방수라고 해도 제 역할을 할 수 없을 것이다. 중간에 비를 피하면서 쉴 만한 곳을 찾았지만 보이질 않는다. 스스로 생각해도 무슨 영광이 있을 것이라고 비가 오는 길을 혼자서 걷고 있는가. 잠시 혼란스럽다. 처음 시작할 때의 다짐이 조금씩 허물어진다는 생각이 든다. 여기서 이러면 안 된다. 정신을 차려야지.

얼마를 걸었을까. 감귤농장에서 출하 작업을 하는 작업장이 있어 양해를 얻고 의자에 앉아 양말을 벗으니 물이 줄줄 흐른다. 젖은 신발과 양말을 신고 걷는 것이 얼마나 불편한지 경험해 보지 않으면 모른다. 그래서 백문(百聞)이 불여일견(不如一見)이라 했다.

비 오는 날 젖은 신발 때문에 양말까지 벗고 물이 찰랑거리는 모래 해변을 걸었다. 처음에는 차가울 것으로 생각했는데 예상외로 따뜻하다. 아마도 비를 맞으며 걸었으니 옷도 젖었을 것이고, 바람이 부니 추웠을 것이다. 그런 상황에서 물에 들어가니 발바닥이 포근하다 못해 따스하고 행복하다는 느낌이 든다. 비에 젖은 신발을 신고 걷다 맨발로 모래 위를 걸으니 얼마나 폭신했는지 지금 생각해도 다시 걸어 보고 싶다는 생각이 든다.

발을 감싸는 모래의 포근함에 잠시 취했다. 이런 포근함을 다른 사람들과 나누어 본 적이 있는지 잠시 생각해 본다. 자신의 편안함에 취해 타인의 아픔을 헤아리지 못하고 있었다. 기쁨과 슬픔을 함께 나눌 수 있도록 노력하리라 다짐한다.

사진작가 김영갑의 삶과 길

제주도 서귀포시 성산읍에 김영갑갤러리가 있다. 제주에 자주 왔지만 이곳에 들러 보기는 처음이다. 그나마 올레길 코스에 포함되어 있어 사진에 관심이 있는 사람들은 작가의 작품을 감상할 수 있는 호사를 누릴 수 있다.

작가는 제주에 와서 이십여 년간 제주의 오름(기생화산)만 촬영한 사진작가이다. 제주 사람들에게 김영갑 작가는 제주오름의 가치를 새삼스럽게 느끼게 해 준 고마운 사람이다.

제주도는 그 사람으로 인하여 오름에 대한 인식이 바뀌게 되었고, 전면적인 조사를 하게 되었다. 작가가 전시한 사진전에서 오름의 아름다움을 발견할 수 있었다. 작가는 48세의 젊은 나이에 루게릭병으로 세상을 떠났지만, 그는 제주를 온몸으로 사랑한 사람이었고, 오름에 대한 가치를 일깨워 준 사람이었다. 그는 먼 길을 떠났지만, 그가 남긴 작품을 보려고 제주 관광에서 김영갑갤러리를 찾는 사람들이 늘어나고 있다.

길을 걸어 보지 않은 사람들은 나그네의 심정을 이해하지 못할 것이다. 그렇게 비용을 들여 가면서 왜 그런 고생을 하고 다니느냐고 나무랄지도 모른다. 실제로 길을 걸어 본다면 그 정도의 고행은 이해할 수 있을 것이다. 인생은 어디서 왔다가 어디로 가는지 알 수 없는 나그넷길이라 했다.

태어나면서 세상 밖으로 내던져진 순간부터 하루하루 열심히 살아가야 하는 것이 인생이다. 그 과정에서 자신이 찾고자 하는 것, 얻고자 하는 것, 이루고자 하는 것이 있을 것이다. 그 모두가 이루어지지 않더라도 찾는 과정이 아름다우면 멋진 인생이 될 수 있다.

매년 수십만 명의 세계인들이 종교인이든 비종교인이든 산티아고 순렛길을 걷고 있다. 그 길을 걸으면 분명히 얻는 것이 있을 것이다. 그것이 무엇인지 걷는 자신은 분명히 알 수 있다.

제주올레길도 마찬가지다. 그 길에서 나그네는 앞으로 남은 삶을 어떻게 살아갈 것인지 해답을 얻었다. 지나온 과거는 그렇다 하더라도 앞으로 남은 인생은 자신이 하고 싶은 일을 하는 것, 가고 싶은 곳을 가는 것, 좋아하는 것을 하는 것, 그리고 모두를 사랑하는 삶을 살아가는 것이라고.

제주올레길 1코스를 걷다 보면 길옆에서 한치를 건조하는 모습을 볼 수 있다. 현지에서 바로 구워서 판매하고 있다. 감칠맛 나는 한치를 씹으면서 저 멀리 보이는 성산 일출봉을 보고 걷는다면 제주올레길은 한결 수월한 도보 여행이 될 것이다.

10.
마음이 아프면 산으로 간다

등산은 몸과 마음을 치유하는 길이다

　인간은 생로병사의 과정을 거치게 된다. 모든 사람은 살아 있는 동안 건강하게 지내길 바란다. 그러한 바람을 따라 운동과 식이요법에 대한 프로그램들이 많이 방송되고 있다. 그런데 이런 것이 생각처럼 쉽게 실천하기 어렵다. 그렇게 차일피일 게으름을 피우다 보면 원하지 않는 질병에 걸리게 된다. 우리는 그 질병을 치료하기 위해 병원을 찾는다.

　일본인 의사 '나가오 가즈히로'는 그의 책 『병의 90%는 걷기만 해도 낫는다』에서 환자는 몸이 아프면 보통 의사는 집에서 푹 쉬라고 하는데, 현명한 의사는 걸으라고 했다. 걸으면 건강수명이 늘어나고 뇌졸중이나 치매를 예방할 수 있다는 임상 결과를 제시하고 있다.

　과거 농경사회 사람들은 하루 삼만 보(步) 정도를 걸었고, 식량이 부족하다 보니 식사는 거의 채식 위주로 했다. 그래서 지금과 같은 성인병이 그리 많지 않았다.

　요즘 사람들은 영양 과잉과 운동 부족으로 비만이 생기고, 비만은 또 다른 성인병을 불러오고 있다. 교통이 편리해지고, 바쁘게 움직이는 세상이 되다 보니 웬만한 거리는 걷기보다 자동차를 이용하고 있다. TV 방송 등에서 질병과 관련한 치료법으로 걷기를 추천하고 있다. 그만큼 걷는 것이 사람들에게 중요한 일이 되었다.

걸어야 산다

　근래 산에 가 보면 젊은 세대들이 산을 많이 찾고 있다. 코로나 발생 이후 갈 만한 곳을 찾지 못하던 젊은 세대들이 공기 좋은 산을 찾으면서 일어난 현상이다. 거기에 더하여 골프장이나 일반 체육 시설에도 같은 일들이 일어나고 있다. 과거에 등산이라 하면 중장년 세대의 취미로 인식되었었는데, 이제는 사회적 변화가 운동 문화를 바꾸고 있다.
　나그네의 등산은 사회생활을 하면서 시작되었다. 그 이전에 산을 가는 목적이 땔감을 채취하기 위해서였다면, 지금은 그런 노동이 아닌 건강과 취미를 위하여 배낭을 메고 산을 오르고 있다. 휴일에 산을 오르면서 야영도 하고, 같은 취미를 가진 친구들도 사귀면서 그 시대의 낭만을 만끽했다.
　몇 년 전 어떤 아웃도어 업체에서 한국 100대 명산 오르기, 백두대간 종주 등과 같은 이벤트를 진행하면서 갑자기 등산 인구가 증가하기 시작했다. 나그네도 여기에 편승하여 시간만 나면 산으로 달려갔다. 산행 버스에 타면 초면인 사람들이 대부분이지만 산을 오르면서 자연스럽게 대화를 나누게 된다.
　대화를 하면서 등산을 하게 된 동기라든가, 등산을 하면서 무엇이 좋아졌는지 물어보기도 한다. 대부분의 사람은 건강을 위하여 등산을 하는 것이 가장 많았다. 그중에 몇몇은 정신적으로 힘든 일이 있어서 산을 찾게 되었다고 했다.

그 남자의 아픔

　육십 대 중반의 사업가는 몇 년 전 아내와 사별(死別)했다. 평소에 부부는 함께 산에 같이 다닐 정도로 금슬이 좋았고, 건강도 이상이 없었다. 어느 날 아내가 몸이 좋지 않다고 병원에서 건강 검진을 했는데 암이라는 진단을 받게 되었다. 수술을 하면 치료가 될 것이라는 믿음에 수술을 했지만 반년 만에 세상을 뜨고 말았다. 아직 아들과 딸은 출가도 못 한 상태였다.
　자식과 남편을 두고 먼저 떠나는 아내는 자신의 병으로 인한 고통보다 출가도 못 시킨 자식들을 남겨 놓고 돌아오지 못할 먼 길을 떠나는 것이 더 가슴 아팠을 것이다. 그런 아내를 보내는 남편은 자신이 아내를 위해 아무것도 할 수 없다는 무력감에 정신적으로 무너지고 말았다.
　이런 일이 있은 후 남자는 마음을 잡지 못하고 방황했다. 휴일이면 무작정 배낭을 둘러메고 산을 찾았다. 그 산길은 혼자가 아니었다. 옆에는 눈에 보이지는 않지만 늘 함께 다니던 아내가 있었다. 그리고 생전에 같이 산에 다니면서 나누었던 대화를 혼자 말하고 혼자 대답했다. 그렇게 일 년 정도 산에 다니면서 차차 마음의 평정을 찾았다. 몇 년이 지났지만 지금도 혼자 산에 가면 아내와 같이 걸어가는 착각이 든다고 했다.
　그는 산에 다니면서 본래의 위치로 돌아왔다. 산이란 편안한 길이 아니다. 오르내리면서 많은 에너지가 필요한 길이다. 어떤 때는 숨이 차고 심장이 터질 듯한 고통스러운 순간도 있다. 육체적으로 힘든 상황에 다다르면 다른 생각은 할 수가 없다. 오로지 저 고개를 넘어야겠다는 생각뿐이다.

평지 길은 그렇지 않다. 힘든 과정이 없으니 잡념이 생긴다. 털어 버리는 것이 아니라 더 쌓이게 된다. 그래서 마음이 힘든 사람은 자연스레 산을 찾게 되는 것이다.

그녀의 이별

또 다른 산길에서 만난 오십 대 후반의 여자가 있었다. 그녀는 산에 다닌 지 이 년 정도 된다고 했다. 오래전부터 산에 다닌 듯 힘들이지 않고 꾸준하게 걷고 있다. 이런저런 이야기 속에 자신의 아픔을 털어놓는다.

그녀에게 3남 2녀의 남매들이 있었다. 결혼 후 서로 떨어져 살고 있지만, 명절이나 부모님 생신 때에는 모두 참석하여 화목한 형제·자매애를 나누었던 사이였다. 그런데 하나밖에 없는 여동생이 회사에서 근무 중 갑자기 쓰러지면서 손쓸 사이 없이 세상을 뜨고 말았다. 평소 아끼던 동생이라 그 슬픔은 자식을 잃은 듯 커다란 충격으로 다가왔다.

그 일이 있고 난 뒤, 사는 것이 무엇인지, 내가 왜 살아야 하는지 삶의 의미를 상실하고 말았다. 그러면서 입에 대지 않던 술을 마시면서 건강이 나빠졌고, 우울증도 생겼다. 그러기를 몇 달이 지났다. 거울을 보니 자신의 본래 모습은 어디로 가고 낯모르는 여자가 거울에 보였다.

"내가 왜 이러지, 동생이 하늘나라에서 나의 이런 모습을 보면 좋아할까?"

후회하기 시작했다. 그리고 마음을 다잡았다. 시간만 나면 배낭을 메고 낮이고 밤이고 미친 듯 산을 찾았다. 평범한 여자가 그간 다니지도 않던 산을 혼자 가면 무서움을 느끼는 법인데 그녀는 그런 생각이 전혀 들지 않았다고 한다. 주변에 사람들이 없으면 동생이 생각나서 목 놓아 울었다. 그러고 나면 마음이 조금씩 위로가 되었다. 그러한 상황을 남편은 걱정했지만 달리 제지할 방법이 없었다.

그러기를 일 년 정도 지나면서 서서히 마음의 평온이 찾아오기 시작했다. 산이란 누구에게나 아무런 조건 없이 받아 주는 그런 곳이다. 혼자 울어도, 가슴을 쥐어뜯어도 그것을 나무라거나 흉을 보지 않는 곳이 산이다. 그동안 발길을 끊었던 종교도 다시 찾기 시작했다. 다시 손을 잡은 종교의 끈을 이제는 놓지 않기로 다짐했다.

산으로 간다

산은 억겁의 세월 동안 세상의 모든 생명체들에게 변함없는 피난처이자 삶의 터전이었다. 산은 엄청난 재난을 겪어도 되살아나고, 다시 아름다운 세상을 활짝 열어 준다. 산이란 인간에게 자연만이 가지고 있는 치유력을 베풀고 있다.

산에서 들리는 바람 소리, 나뭇잎 소리, 새소리, 물소리가 평온을 가져다주고, 녹색의 나뭇잎은 인간의 심리를 편안하게 해 준다. 나무에서 나오는 산소는 폐의 산소 섭취량을 증가시키고, 이로 인하여 혈액 순환이 좋아져 성인병을 예방하면서 우울증도 개선되어 긍정적인 생각을 하게 하는 마력이 있다.

두 사람이 겪은 힘든 상황을 산이 해결해 주었듯이 산이란 우리에게 몸과 마음을 치유하는 의사와 같은 역할을 하고 있다. 어떤 TV 프로그램을 보면 산속에서 자연과 일상을 함께하면서 살아가고 있는 사람들을 볼 수 있다. 그들의 사연은 대부분 건강이 좋지 않거나 세상일로 마음을 다친 사람들이 많다. 일부는 이에 적응하지 못하고 하산한 경우도 있었을 것이다. 그러나 대부분의 사람은 그곳에서 몸과 마음을 회복하고 즐거운 산속 생활을 즐기고 있는 모습을 볼 수 있다.

지금도 산에 가게 되면 과거에 힘들었던 이야기를 이제는 가볍게 할 수 있게 되었다고 한다. 그들에게 힘든 과정이 있었지만, 산이라는 자연 치유제가 있어서 잘 견뎌 낼 수 있었다. 지금 몸과 마음이 고달프다면 우선 가까운 산부터 찾으라고 권하고 싶다. 거기서 치유의 답을 얻을 수 있을 것이다.

겨울철 강원도 평창에 있는 계방산을 오르는 모습. 힘겨운 산길을 걷는 것은 자신과의 대화 과정이다. 그 길에 자연이 있고, 이웃이 있다. 편안한 길, 힘든 길, 그 모든 것이 인생의 과정이라 생각하면 된다.

제2부

산에서 나를 보다

1.
계룡산 연천봉

조선을 다시 생각하다

　새로운 달력을 벽에 걸고 한 장 한 장 넘기다 보면 날씨도 변하는 것을 느끼게 된다. 추운 듯, 따스한 듯, 종잡을 수 없는 날씨가 지속되면 봄은 어느덧 우리 곁에 와 있다. 산 능선의 북쪽 응달에는 아직 잔설이 보이는데, 남쪽 양지바른 곳에는 손톱만 한 야생화가 기지개를 켜고 고개를 살짝 내밀고 날씨 탐색을 하고 있다.

　고속도로에 들어선 버스는 차창에 보이는 풍경을 눈으로 확인할 수 없을 정도로 빨리 달리고 있다. 두 눈은 부족한 아침잠을 해결하려는 듯 살포시 잠금질을 한다. 비몽사몽하는 사이 버스는 계룡산 주차장에 도착하고, 산행대장은 산행 준비를 하라고 안내한다. 따스한 봄날의 향기를 코끝으로 느끼면서 계룡산을 오른다. 이 산에 오면 과거의 기억을 떠올리게 된다.

학창 시절의 추억

　1970년대에 무전여행(無錢旅行)이라는 것이 유행했었다. 여름방학을 맞아 배낭에 쌀, 된장, 군용 A형 텐트와 담요 등을 챙기고 무작정 길을 떠나는 것이다. 부모님에게 약간의 차비와 용돈 몇 푼 정도를 받아들고 야간열차에 몸을 실었다. 그리고 며칠 후에 도착한 곳이 계룡산이다.

갑사에서 남매탑을 지나 동학사 계곡 아래쪽 어디쯤에서 야영을 하고 아침을 지어 먹으려니 반찬이 없다. 마침 개울에서 초등학생 몇 명이 고기잡이 놀이를 하고 있었다. 학생에게 그릇을 주면서 김치를 부탁했는데, 김치와 함께 된장찌개도 가져다주어서 맛있게 아침을 먹은 기억이 난다.

40여 년이 지난 지금에도 이런 아름다운 추억이 뇌리에 남아 있다는 것은 그만큼 먹고사는 문제가 그 시절 무전여행에서 부닥치는 최고의 어려움이었다. 기나긴 세월이 지났지만, 나그네의 기억 공간 한쪽에 선명하게 남아 있는 것은 그런 것 때문이 아닐까 생각한다. 그때의 그 초등학생은 지금쯤 50대가 훌쩍 넘어 60대가 되었을 것인데 그들은 어디서 무엇을 하고 있을까.

오늘 산행은 그때와는 다른 방향인 동학사 계곡에서 남매탑을 지나 계룡산 정상으로 올라가기로 한다. 발바닥이 느끼는 등산길이 남향이라서 그런지 지난겨울에 내린 눈이 모두 녹아 감촉이 좋다. 문골 삼거리를 지나 큰배재에 도착한다. 봄이라고 하지만 북쪽에서 불어오는 찬바람이 아직은 차갑게 느껴지는 계절이다. 그래도 봄이 온다는 그 사실 하나에 마음만은 따스한 봄기운이 감돈다.

1970년대에 처음 와서 보았던 남매탑이 보인다. 그 탑을 보고 있자니 그때 보았던 전설만 머릿속에 맴돌 뿐이다. 젊은 학창시절에는 무척 아담한 크기라고 기억하는데, 지금에서 보니 그때의 기억보다 크게 보인다. 이것은 나이가 들었다는 증거가 아닐까.

모든 것이 자신만만하던 시절의 크기와 지금의 크기가 다르게 보이는 것이 어쩌면 지극히 정상일 수도 있다. 남매탑 바로 아래에 있는 상원암도 기억에 없다. 그도 그럴 것이 그 시절에는 이름만 여행이지 모든 것이 풍찬노숙(風餐露宿)과 별반 차이가 없었으니까.

삼불봉(三佛峰)이다. 부처님 세 분이 나란히 앉아 있는 형상을 하였다고 그렇게 붙여진 이름이라고 한다. 이 중에서 가장 도드라지게 솟아 있는 봉우리가 우두머리 삼불봉이다. 이곳에 올라서면 동서남북 모두가 조망된다.

멀리 계룡산 천황봉에 통신 기지가 보이고, 조금 우측으로 관음봉도 보인다. 여기서부터 관음봉까지 자연선릉이라고 하는 칼바위능선길이다. 멀리서 조망하면 능선길이 남북으로 칼같이 가파르게 생겼지만 걷는 데에는 문제가 없을 정도로 안전장치가 되어 있다.

계단을 오르는 방법

관음봉으로 가까이 다가갈수록 경사도가 급해진다. 그 시절에 없었던 계단이 생겼다. 등산인의 안전을 위하여 설치한 구조물이다. 나그네는 산에 다니면서 계단을 만나면 오름의 지루함을 없애기 위하여 올라가면서 계단 수를 세어 보는 습관이 생겼다. 오르면서 계단 수를 세면서 정신을 집중하면 힘이 덜 든다는 느낌이 든다. 숨 가쁘게 오르면서 세어 보니 무려 440여 개나 된다.

계단이 끝날 무렵이면 관음봉 정자가 보인다. 오늘의 하이라이트다. 관음봉(766m) 정상에는 아담한 표지석도 서 있다. 모든 산행객들이 이곳에서 반드시 인증 사진을 찍는다. 내가 여기에 왔노라고 확인하는 것이다. 혼자 알고 있어도 되는 일인데, 우리는 꼭 누군가에게 보여 주고

자 하는 욕망을 가지고 있다. SNS(사회적관계망)가 유행하면서 이런 현상이 더욱 두드러지고 있다. 이런 일은 해외여행을 가면 절정에 달한다. 보는 것보다 사진이 우선이다. 그래서 해외여행을 다녀오면 여행의 추억이 가슴속에 남아 있는 것이 아니고, 스마트폰의 갤러리에 사진만 남아 있는 것이다.

12시가 조금 안 된 시간이다. 시간적인 여유가 있다. 연천봉(756m)으로 가기로 한다. 왕복 2㎞에 40분 정도가 소요될 것이다. 동행한 일행 중 몇 명만 가기로 한다. 과거에는 문필봉에도 갈 수 있었으나 지금은 길이 보이질 않는다.

사팔이국이(四八二國移)

연천봉 정상 바위에는 풍수지리서에 등장하는 '方百馬角 口或禾生(방백마각 구혹화생)'라는 한자가 음각되어 있는 것을 볼 수 있다. 이 글자를 해설한 『조선의 풍수(村山智順 著)』는 다음과 같이 설명하고 있다.

이 한자는 파자(破字)로, 이를 해석하면 '四八二國移, 즉, 482년 만에 나라가 이전된다.'라는 뜻이다. 조선이 1392년에 개국한 지 482년 만인 1874년에 조선이 다른 나라로 넘어간다는 의미인 것이다. 方은 四, 百은 百, 馬는 午(八十의 合字), 角은 二, 口或은 國, 禾生은 移를 의미한다고 하였다. 1874년의 2년 후인 1876년에 강화도조약이, 다시 24년 후인 1910년에 한일합병조약이 체결되었다. 이 책 끝머리에 이 파자를 강조한 것은 조선이 불가피하게 일본으로 합병된다는 것을 주지시키고 있다.

물론 이 책은 조선총독부의 의뢰(촉탁)로 개명(村山智順)한 한국인이 저술한 책으로 추정하고 있다. 책의 저자는 『朝鮮의 風水(1931년 발행)』 이외에도 『조선의 귀신(朝鮮의 鬼神)』, 『조선의 점복과 예언(朝鮮의 占卜 과 豫言)』이라는 책도 함께 저술했다.

이런 것을 보면 일본이 조선에 대하여 얼마나 치밀하게 식민지 정책을 추진하였는지 알 수 있다. 그리고 일본은 우리의 정신 지주인 민속신앙을 어떻게 파괴하여야 하는지도 잘 알고 있었다. 이 책의 결말 부분은 의도적인 편찬에도 불구하고 한국 풍수지리에 관하여 풍부한 조사 자료로 평가되고 있다. 1992년에는 경남대학교 최길성(崔吉城) 교수가 한글 번역판(조선의 풍수)으로 출간하기도 했다. 지금은 절판이라 구독하기 어렵다.

역사를 직시(直視)하다

이러한 과정을 보면서 스스로 반성해야 할 부분도 많다. 우리는 그동안 반일(反日)만 했지, 극일(克日)에 대한 고민은 많이 부족했다. 현대사의 한일관계는 감정만 앞섰지, 이를 극복하기 위한 현명한 대응 방안은 생각하지 않은 것 같다. 지금부터라도 극일을 위한 연구를 한다면 쓰라린 역사는 되풀이되지 않을 것이다.

연천봉(連天峰)은 하늘로 통하는 봉우리를 의미한다. 따라서 『조선의 풍수』라는 책은 하늘의 뜻에 따라 조선은 일본에 합병된다는 것을 해설한 것이다. 이 책은 일제 강점기 시절에 일본 정부의 입장에서 쓰인 책이므로 그 내용을 전적으로 수긍할 필요는 없다고 본다. 그리고 연천봉 봉우리에 새겨진 파자(破字)도 누가 언제 거기에 그것을 새겼는지 알 수가 없다.

그렇게 추정하는 이유는 연천봉 정상 바위에 새겨진 다른 글자를 살펴보면 알 수 있다. 바로 옆에 새겨진 '나무염불(南無念佛)'이라는 글자와 비교해도 너무 조잡하게 보인다. 조선의 미래를 예언했다고 하는 글자로 후세에도 긍정적인 평가를 받으려면 좀 더 깊게 멋지게 새겨야 하는 것이 아닌가 하는 생각이 든다.

아마도 조선의 합병을 합리화하기 위하여 계룡산이라는 성지에 『조선의 풍수』라는 책을 통하여 의도적으로 새겼을 것으로 추정된다. 이런 생각이 하산하는 내내 나그네의 머릿속을 떠나지 않았다. 역사는 그 나라의 기둥이다. 영국의 역사가인 '아놀드 토인비'는 '역사를 잊은 민족에게 미래는 없다.'라는 말을 했다. 과거가 행복한 역사였든, 불행한 역사였든, 그 사실은 불변이다. 모든 것은 있는 그대로 받아들이고, 앞으로 그러한 일이 발생하지 않도록 노력하는 것이 후세의 우리가 해야 할 의무인 것이다.

우리의 역사와 문화를 이해하고, 사랑하는 마음을 가진다면 우리의 미래는 한결 안정적이고, 강력한 나라가 되지 않을까 하는 마음이다. 오늘 계룡산 산행은 나그네의 사십여 년 전 무전여행의 추억을 돌아보게 하였지만, 연천봉에 새겨진 파자(破字)를 보면서 마음 한구석이 불편한 것은 나그네만이 느끼는 감정은 아닐 것으로 생각한다.

계룡산 연천봉에 새겨져 있는 글자. 두 개의 글자를 비교해 보면 파자 (破字)의 진실성에 의문이 들 수밖에 없다.

2.
한라산 윗세오름

겨울도 좋지만 철쭉이 피는 6월도 좋은 산

 봄철 한라산은 철쭉으로 유명하다. 그중에서 영실(靈室)에서 '윗세오름'으로 오르는 코스의 철쭉이 아름답다. 영실이라는 의미는 불교에서 '영혼의 위패를 두는 빈소'라는 뜻을 의미하고 있다. 영실은 그런 전설을 가지고 있는 곳이다.
 영실에 있는 오백장군에 관한 전설도 자식을 키우는 어미의 지극 정성을 보는 듯 가슴을 아리게 한다. 오백 명의 아들을 키우던 홀어머니가 자식들에게 먹이려고 큰 가마솥에서 죽을 쑤다가 가마솥에 빠져 죽었다. 집으로 돌아온 자식들은 가마솥에 있는 죽을 맛있게 먹었다. 그런데 솥 바닥에 사람의 뼈가 나온 것을 보고 그것이 어머니의 것이라는 사실을 알고 자식 오백 명이 모두 바위가 되었다는 전설이다. 이 바위가 병풍바위 위에 나란히 서 있는 오백 개의 작은 바위봉우리로 사람들은 이를 오백장군이라 부르고 있다.

슬프지만 아름다운 영실 철쭉

 아름다운 병풍바위가 이런 슬픈 전설을 간직한 곳이라는 것을 알고 영실코스를 오르는 사람은 그리 많지 않다. 대부분의 사람들은 이백여 미터가 넘는 기암절벽의 병풍바위와 늦은 봄이면 피는 진한 연분홍색의 철쭉만 머리에 그리고 오르고 있다. 한라산은 눈이 많이 내리는 겨울산도 아름답지만, 지금처럼 신록이 우거진 계절에 조릿대 사이로 붉은 기염을 토해 내는 철쭉도 한라산을 대표하는 명물로 손꼽히고 있다.

영실에서 산행을 시작하면 아름드리 소나무가 사람들을 반긴다. 하늘 높은 줄 모르고 쭉쭉 뻗은 적송(赤松)이 궁궐 건축에나 쓰일 법한 모양으로 미끈하게 자라고 있다. 나무에서 자연스레 나오는 각종 유익한 천연 향을 코로 음미하면서 오르다 보면 힘들이지 않고 오를 수 있다. 오른쪽으로는 오백여 개나 되는 엄청난 높이의 돌기둥이 병풍바위가 되어 타원형 모양으로 자리 잡은 모습도 보인다. 병풍바위 위에는 오백장군이 한라산을 호위하는 모습으로 각자 자기의 위치에서 임무를 하는 듯 보인다.

오르는 길은 힘들어도 눈앞에 펼쳐지는 광경이 모든 수고를 보상해 주고 있다. 한창 물이 오른 철쭉은 고사목 사이사이에서 그들이 못다 한 삶을 위로하듯이 붉은 꽃으로 감싸 주고 있다. 자연이나 사람이나 상부상조하는 것이 얼마나 아름다운 것인지를 눈으로 볼 수 있는 곳이다. 이런 모습을 보면 자연도 서로를 배려하면서 살아가고 있다는 것을 알 수 있다.

철쭉 명산 선작지왓

한라산 등산 코스가 그러하듯 이곳 영실 코스도 올라갈수록 경사도는 완만해지고 철쭉은 뚜렷하게 자기 색깔을 드러내고 있다. 이런 철쭉을 보고 모두들 탄성을 지르고 있다. 땀의 보상이 이런 것이다. 과정은 힘들지만, 그 결과는 대만족이다. 사람들의 얼굴에 환한 미소가 번진다. 꽃은 모든 사람들의 마음을 따뜻하게 하는 매력 있는 식물이다.

선작지왓이다. 제주 방언으로 '돌들이 널려 있는 벌판'이라는 뜻이다. 해발 1,600m 정도 되는 높은 곳에 있는 평평한 지역이다. 여기서부터 키 큰 나무는 볼 수 없다. 바람이 워낙 세다 보니 나무가 자랄 수 없다. 나무는 스스로 살아가는 방법을 인간보다 더 잘 알고 있다. 모든 것은 수용해야 한다. 그것이 자연이다. 나무가 자라야 할 자리에 조릿대와 철쭉이 차지하고 있다. 한라산에서 철쭉이 가장 많이 피는 곳이다. 아직 잎이 자라지 않은 철쭉이 조릿대 사이에서 더욱 붉게 보인다.

이 지역은 한라산 특유의 부서지기 쉬운 흙과 식생대를 보호하기 위하여 나무 데크가 설치되어 걷기에도 좋다. 윗세족은오름에는 전망대가 설치되어 있다. 조금만 수고를 하면 다녀올 수 있다. 높은 곳이라 그런지 한라산 정상도 손에 잡힐 듯 가까이 보인다. 이곳 선작지왓이 얼마나 넓은 철쭉 평원인지 전망대에 올라 보면 직접 눈으로 느낄 수 있다.

휴대한 물병이 바닥날 때가 되면 지리산 능선처럼 적당한 곳에 샘이 있다. 한라산 노루가 아침마다 이곳에 물을 마시러 온다고 하는 노루샘이 기다리고 있다. 물 한 모금 마시니 모든 더위를 날려 보내는 듯 시원하다. 윗세오름으로 오르는 데크 옆에는 자그마한 분홍색의 설앵초와 흰구슬붕이가 앙증맞게 피어 있다. 대부분의 사람은 미물(微物) 같은 꽃들은 보지 못하고 그냥 지나치는데, 손톱만 한 야생화를 찍으려고 일부러 이곳까지 연이틀 올라왔다는 사람들도 만났다. 그런 것을 보노라면 세상을 즐기는 방법은 모두 각양각색인 것을 알 수 있다.

겨울철에 사랑받는 윗세오름

 윗세오름이다. '해발 1,700m'라고 표기되어 있다. 넓은 나무 데크에 사람들이 옹기종기 앉아서 휴식을 취하고 있다. 어떤 사람들은 이른 점심을 먹고 있다. 전에 많이 보이던 까마귀는 보이지 않는다. 대피소에서 컵라면 판매를 중지하면서 먹거리가 없어진 탓인지 다들 자취를 감추고 야생으로 돌아갔나 보다. 이곳에서 돈내코계곡으로 내려가는 등산로가 연결되어 있다. 한때 자연휴식년제를 실시하면서 통제하던 곳인데 언제부터인가 해제되었다.
 남벽분기점까지 다녀오기로 한다. 처음 밟아 보는 땅이다. 백록담 서벽과 남벽 절벽을 쳐다보면서 걸을 수 있게 등산로가 잘 정비되어 있다. 화산섬 특유의 검은색 절벽이 모든 사람을 압도(壓倒)하고 있다. 이곳 또한 키 큰 나무는 거의 없고 조릿대만 무성하게 자라고 있다. 이러다가 몇 년 후에는 조릿대만 살아남는 것이 아닌가 하는 의구심이 든다. 이러한 현상을 식물학자들은 지구 온난화에 의한 영향이라고 이야기한다.
 다시 윗세오름으로 돌아왔다. 여기서 왼쪽으로 하산하면 아침에 출발했던 영실이고 오른쪽으로 하산하면 어리목이다. 나그네는 어리목으로 하산하기로 한다. 잠시 걷다 보면 사제비 동산이 나타난다. 이 길 역시 좌우로 조릿대가 벌판을 뒤덮고 있다. 수십 년 전 누군가에 의한 실화(失火)로 오래전부터 자라고 있던 나무가 모두 타 버리고 시간이 지나면서 조릿대가 그 자리를 차지했다고 한다.
 인간의 조그만 부주의가 원래 식생을 송두리째 바꿔 버린 것이다. 자연과 사람이 함께 살아가야 하는데 인간의 실수와 욕심이 자연을 멍들게 하고 있다. 인간에 의해 저질러진 이런 실수가 언젠가는 그 재앙을 인간이 되돌려받을 것이다. 자연 앞에서는 늘 조심스럽고 겸손한 자세를 가져야 한다.

만세동산 철쭉

이곳에도 데크가 설치되어 있어 걷는 것은 큰 어려움이 없다. 다만 그늘이 없다 보니 6월의 태양을 온전히 받아 가면서 걸어가야 한다. 한라산은 햇빛 차단제를 준비하고 가야 할 산이다. 이곳 만세동산도 진분홍색 철쭉이 지천으로 피어 있다. 철쭉은 독성이 있어서 동물들이 먹지 않는다. 그래서 번식력이 좋다. 다른 나무들은 동물들의 피해를 보지만 철쭉만은 유아독존 격으로 자라고 있다. 대표적인 사례가 지리산 바래봉의 철쭉이 그렇다.

사제비 동산 샘이 보인다. 이곳 샘도 무척 시원하다. 누군가가 설치한 파이프를 통해서 흘러내리는 물을 한 모금 마시면 햇볕에 그을린 더위가 싹 가신다. 여기서부터 어리목 종점까지 그늘 아래로 하산하기 때문에 시원한 길이다. 다만, 경사도가 있으니 조심해서 내려가야 무릎에 무리가 오지 않는다.

오늘 하루 진분홍색 철쭉과 초록색 나무들로 인해서 눈과 마음이 청결해진 하루였다. 매일 이런 날이라면 얼마나 좋을까. 아침 일찍 영실에서 올라올 때는 언제 여기까지 올 수 있을까 걱정했는데 활짝 핀 철쭉을 보고 걷다 보면 그리 힘든 등산인 줄을 모르고 걷게 된다. 산길은 비가 오는 날도 있지만, 오늘처럼 청명한 날도 있다. 사람이 살아가는 과정도 그럴 것이다. 인생사는 호사다마(好事多魔)라고 했다. 모든 것을 있는 그대로 받아들이면서 살다 보면 좋은 일도 생기는 법이다.

오늘 하루 산행을 마무리 한다. 어리목 주차장에 대기하는 승용차가 없다면 시내버스를 타고 제주 시내로 들어가야 한다. 어리목 주차장에서 1㎞ 정도 걸어서 내려가면 어리목 버스 정류소가 있다. 약 한 시간 간격으로 운행하는데 제주 버스 터미널까지 갈 수 있다. 피곤한 몸을 버스에 싣고 30분 정도의 비몽사몽 끝에는 제주 버스 터미널에 도착한다.

철쭉동산으로 유명한 선작지왓이다. 해발이 높으니 키 큰 나무는 볼 수 없다. 나무들도 스스로 살아가는 방법을 터득하고 있다. 그 너머로 한라산 정상이 보인다.

3.
지리산에서 얻은 교훈

산에서 무리하면 사고가 난다

    지리산(1,915m)은 한국의 어머니 산이라고 한다. 이 산을 찾는 사람들은 기뻐서 찾고, 슬퍼서 찾고, 방전(放電)된 자신을 재충전하기 위하여 찾는 그런 산이다. 그곳은 모든 사람을 품어 주고, 보듬어 주는 산이라 한다. 백두에서 시작된 한반도의 민족정기가 자리매김했다고 하는 곳이 지리산이다.

    지리산은 언제나 푸근한 산이다. 골짜기가 깊어서 물이 풍부하고, 그 안에 사람들과 마을들을 품어 오고 있다. 조선말에는 동학 농민군과 의병군, 근세에는 빨치산이 지리산을 투쟁의 터전으로 삼았고, 도피처로 이용했다. 지리산은 그 자체가 우리나라의 역사이면서 한국인의 혼이 스며 있는 삶의 보금자리이기도 하다.

    지리산은 봄, 여름, 가을, 겨울, 사계절 찾고자 하는 모든 이에게 거부감 없이 받아 주는 그런 곳이다. 이 산에만 오면 마음이 푸근해지는 것은 이러한 이유 때문일 것이다. 등산을 하는 순간순간은 힘들지만, 지금까지 이 산을 찾은 횟수는 지금까지 아홉 번이고, 그중에서 종주를 한 것이 네 번이나 된다. 멀고, 힘든 코스이지만 늘 가슴에 새겨 두고 새로운 충전이 필요할 때 찾는 곳이다. 자신의 지친 삶과 영혼을 치유하려면 지리산으로 가라고 권하고 싶다.

백두대간의 시작 길

 백두대간을 걸어 보겠다고 처음 시작한 곳이 지리산 천왕봉이다. 앞으로 얼마나 계속해서 걸을 수 있을지 아직은 알 수 없다. 사람은 목표가 뚜렷하면 실천율이 높아진다고 한다.

 지금까지 대부분의 지리산 종주는 성삼재에서 시작하여 중산리에서 종료했다. 하지만, 이번 백두대간 진행은 대간 최하단인 중산리에서 천왕봉을 올라오는 코스로 선정하였다.

 서울에서 밤늦게 출발한 버스가 중산리에 도착했을 때는 여명이 서서히 밝아지고 있었다. 중산리 코스는 초반부에 계곡을 올라가는 산길이라 지루하고 힘든 느낌이 든다. 법계사까지 가면 그때부터 시야가 트이는 등산길이 된다. 약 5.4㎞를 새벽에 올라간다는 것은 고행 중의 고행이다.

 이 산길을 걸으면 '이태' 작가가 쓴 『남부군』이라는 소설 속의 부대원들이 생각난다. 그들은 추운 겨울에도 변변한 장비도 없이 광목으로 만든 신발을 신고 눈 덮인 지리산 계곡과 능선을 누볐을 것이다. 그것에 비하면 지금의 복장 상태는 최고 수준임에도 저질 체력의 한계를 느낀다.

 천왕봉(天王峰)을 오르는 것은 하늘로 오르는 길이다. 그 길은 그렇게 쉽게 올라갈 수는 있는 길이 아니다. 중산리에서 정상으로 가려면 개선문(凱旋門)을 지나야 한다. 장터목에서 정상으로 가려면 통천문(通天門)을 지나야 하듯이 어디서나 통과 의례가 있는 것이다.

 정상 바로 아래에 천왕샘이 보인다. 누구는 남강의 발원지라고도 한다. 지난겨울 천왕봉에서 중산리로 하산할 때 눈이 덮이고, 얼어 있어서 샘을 볼 수 없었으나, 지금은 극심한 가뭄철임에도 불구하고 샘물이 흐르고 있다. 바가지로 한 모금 마셔 보았다. 상당히 시원하다. 이렇게 높은 곳에서 샘이 솟는다는 사실이 경이롭다. 지리산 능선 곳곳에는 샘이 솟고 있다. 지리산 종주가 거리는 멀지만 곳곳에 샘이 있어서 가능한 것이다.

천왕봉에 오르다

약 3시간 20여 분을 올랐을까 90도에 가까운 암벽이 머리 위에 나타난다. 코에 닿을 듯한 암벽이 눈앞에 보이지만 거기에 도달하려면 한참을 더 올라야 한다. 커다란 숨을 몇 번 몰아쉬면서 오르다 보면 눈앞에 '천왕봉'이라는 한자와 '한국인의 기상 여기서 발원되다.'라는 표지석을 만나게 된다.

언제 보아도 멋진 표지석이다. 자랑스러운 표지석이다. 산을 오르는 등산인에게 이곳에서 인증 사진을 찍는 것은 커다란 추억거리 중에 하나다. 그런데 '한국인'이라는 글자는 수정을 거친 자욱이 보인다. 그런 과정을 거치면서 지금에 이르고 있다. 모든 일은 그 시대의 정치적인 요인을 배제하여야 후세에도 수정하는 일이 없을 것인데, 그런 일이 자주 발생하는 것은 우리가 아직 진정한 자유민주주의가 안착되지 않았다는 사실을 말해 주는 것이 아닐까 하는 생각이 든다.

오늘부터 이곳 천왕봉에서 진부령까지 백두대간을 시작한다는 것이 나그네에게는 큰 도전이다. 산을 좋아한다는 것이 나그네에게 지금 이런 임무를 만들게 하였다. 물론 이러한 계획이 언제까지, 어디까지 이루어질지 알 수는 없다. 한 달에 두 번 정도 다닌다면 약 2년의 시간이 소요될 것이다.

정상의 주변 암반에는 언제부터인지는 모르지만 여러 사람의 이름이 새겨져 있다. 자신의 흔적을 남기겠다고 한반도의 정기가 모인 천왕봉 정상에 이름을 새긴 사람들의 오만함에 눈살이 찌푸려진다.

높이가 이천여 미터가 되는 산이다 보니 한여름이지만 여름 복장으로는 춥다. 새로운 각오와 앞으로의 일들을 생각하면서 마음을 단단히 다져 본다. 인증 사진을 찍고 장터목으로 향한다. 여기서부터는 내리막길이라서 한동안 편안한 길이 계속된다. 오늘과 내일 이틀 동안 대피소에서 1박 하면서 성삼재까지 종주를 하려고 챙겨 온 배낭의 무게가 10kg이 넘는다. 그래서 그런지 평상시와 달리 몸에서 무겁다는 신호를 계속 보내고 있다.

인간의 탐욕으로 잿더미가 되다

제석봉의 푸르른 녹색은 매우 아름답다. 육십여 년 전 인간의 탐욕에 의해 불타 버린 이후에도 많은 고사목들이 자리를 지키고 있었지만, 지금은 그 고사목조차도 몇 그루 남지 않았다. 국립공원관리공단에서 많은 노력을 기울여서 지금은 나무와 야생초들이 푸르게 자라고 있는 모습을 보고 있노라니 마음이 든든하다. 그래도 육십여 년 전의 원래 모습을 회복하기에는 아직도 수많은 세월이 지나가야 할 것이다.

장터목대피소에서 아침을 해결하고, 다시 길을 간다. 이번 백두대간에 함께한 일행들은 벽소령에서 음정으로 하산하는 코스를 잡았다. 나 그네는 지리산 종주를 하려는 마음에서 며칠 전 벽소령대피소에 예약을 했다. 거기까지 가면 오늘 하루를 마감할 계획이다. 다른 일행들보다 큰 부담 없이 걸었다. 후미는 아니지만 조금 뒤처진 몇 사람들과 함께했다.

성삼재에서 천왕봉으로 걸었던 길을 반대로 걸으니 또 다른 모습의 종주길이 보인다. 연하봉, 삼신봉, 촛대봉의 봉우리가 그렇다. 거대한 암벽 봉우리가 엄청나게 크게 보인다. 주로 야간에 이곳을 지나다 보니 제 모습을 보지 못하고 그냥 지나갔던 곳이다. 모든 일은 앞뒤 모두를 보고 판단하라는 것이 이런 것을 두고 하는 말일 것이다.

촛대봉을 지나니 세석대피소가 보인다. 그간 여러 번 이용했던 시설이라 눈에 익은 모습이다. 이곳은 다른 대피소에 비하여 식수가 풍부한 곳이다. 보통 성삼재에서 산행을 시작한다면 이곳에서 하루를 지낸 다음 천왕봉으로 가게 된다.

평일의 한낮이라 대피소는 조용한 절간처럼 느껴진다. 잠시 앉아서 휴식을 취한다. 몇 년 전 겨울, 아들과 함께 종주할 때 하룻밤을 묵었던 곳이다. 새벽 3시에 일어나 밤길을 걸어 천왕봉에 도착하던 그때의 생각이 머릿속을 스쳐 지나간다. 그때의 정상은 매우 추웠다는 기억만 남아 있다.

빨치산의 영혼이 잠들어 있다

1950년대까지 세석평전(細石平田)을 순수한 우리말로 '잔돌고원'으로 불렀는가 보다. 소설 『남부군』을 읽어 보면 그런 용어가 보인다. 잔돌고원 아래 약간 평평한 곳에 거주하면서 약초를 캐던 부부가 빨치산 토벌 과정에서 희생된 것으로 나온다. 이처럼 지리산은 6.25 전쟁 직후 남부군의 총본산이 있었던 곳이다. 『남부군』은 소설이라기보다 빨치산에서 활동했던 저자의 처절한 체험기라고 볼 수 있다.

소설에서도 영신봉, 명선봉, 삼신봉, 형제봉, 거림골, 피아골, 뱀사골,

벽소령, 의신, 운봉 등의 지명이 수시로 나온다. 빨치산들은 지리산 전체를 제집 안마당처럼 자유롭게 활동하였다. 그들은 겨울철에도 눈 위에서 나뭇가지를 꺾어서 바닥에 깔고 잠을 자고, 쌀과 소금으로 끼니를 해결했다. 그렇게 험난한 악조건 속에서 북조선을 위하여 싸웠으면서 결국 그들로부터 버림받은 채 지리산의 깊고 깊은 계곡에서 소리 없이 죽어 간 젊은이들이 빨치산이다.

『남부군』의 저자 '이태(본명 이우태)'는 1922년 충북 제천에서 태어나서 청주중·고를 졸업하고, 일제 의용군으로 징집되어 1년간 일본군 군대 생활을 했다. 해방 직후 우석대학을 졸업하고, 1948년 서울신문에서 8개월간 근무하다가 합동통신 사회부 기자로 근무하던 중 6.25 전쟁이 발발하게 된다. 6월 29일 북한 조선중앙통신사가 서울의 세 곳(합동, 고려, 공립) 통신사를 접수하고, 이태 기자를 전주로 파견하면서 저자의 운명이 뒤바뀌게 된다.

『남부군』의 줄거리는 1950년 9월 군산 앞바다에 연합군이 상륙하면서 전주지사 기자들이 기존에 지리산에서 활동하던 남부군으로 편입되었다. 그 후 1952년 3월(17개월간의 체험 기록) 지리산 덕산에서 체포되기까지의 과정을 기록한 저자의 수기다.

빨치산의 주역은 말이 없다

소설 『남부군』에서 지리산 빨치산에 소속되어 문화지도원 활동을 했던 최문희(본명 최순희)라는 여성이 나온다. 그녀는 1924년 러시아에서 출생했다. 광복 이후 남한에서 거주하던 중 남편을 따라 월북한 이후 6.25 전쟁 당시 남부군에 파견되어 활동했던 인물이다.

빨치산이 토벌된 이후 그녀는 서울에 살면서 법정 스님이 거주하던 전남 순천 송광사 불일암(佛日庵)을 자주 방문했다. 여기서 법정 스님의 말씀에 따라 평생의 업(業)을 가벼이 하려고 사시사철 불일암을 오갔다. 최문희는 세상에 자기를 드러내지 않고, 많은 시간을 참회(懺悔)로써 일생을 보내다가 2015년 91세의 나이로 세상을 떠났다.

살아생전 모스크바를 방문하여, 북에 두고 온 아들에 대한 소식을 듣고자 했으나, 아들은 이미 세상을 떠났다는 소식을 듣게 된다. 거기에서 북한 공작원이 북한으로 가자고 회유했지만, 최문희는 이를 뿌리치고, 다시 한국으로 왔다고 한다.

칠십여 년 전 빨치산들이 이곳 지리산에서 활동했던 소설 속의 이야기를 머릿속에 그리면서 지리 능선을 걸었다. 저자 이태는 본의 아니게 북한 기자단으로 편입되었고, 다시 남부군의 산하로 소속이 변경되면서 자신의 기구한 인생이 얼마나 힘들었는지를 기록하고 있다.

만일 지금의 우리가 이런 상황에 부닥친다면 어떻게 행동해야 할지를 곰곰이 생각해 본다. 6.25 전쟁 당시 남침 일보(一報)를 처음 방송했던 당시 KBS 라디오 '위진록' 아나운서가 방송국을 점령한 북한 방송국 직원들이 함께 일하자는 제의를 거절하고, 연합군의 서울 수복까지 3개월 동안 숨어 지낸 이야기를 신문 인터뷰 기사로 본 적이 있다. 전쟁이라는 것은 자신은 물론 모든 가족들의 삶을 송두리째 바꾸어 놓는다. 이런 일이 다시는 일어나지 않도록 우리가 모두 힘을 합쳐서 국력을 길러 나가야 할 것이다.

세석대피소에서 20여 분을 걸으면 영신봉이 나타난다. 같이 온 일행들과 앞서거니 뒤서거니 하면서 걷게 된다. 여름철이지만 나무 아래로 걷게 되니 한결 수월하다. 오르내리는 길이 지리산 능선길의 특징이다.

성삼재에서 시작해도 그렇고, 천왕봉에서 시작해도 그렇다. 그래서 어디에서 시작하든 공평한 길이 지리산 종주길이다.

지리산은 봄과 여름에는 많은 야생화가 피고 있다. 특히, 봄에는 바래봉 철쭉이 유명하다. 세석평전의 진짜 철쭉은 아직 찍어 보질 못했다. 그래도 산을 오르면서 길가에 핀 꽃개회나무, 붉은병꽃나무, 노루오줌, 세잎종덩굴, 쥐오줌풀과 같은 야생화가 산을 오르는 등산객들을 반겨 주어 힘든 줄 모르고 걷게 된다.

벽소령대피소를 지나가다

벽소령에서 잠시 휴식을 취하고, 같이 온 일행 전부는 음정으로 하산한다. 시간은 1시가 조금 지난 시간이다. 당초 이곳 대피소에 예약하였으나, 여기서 하룻밤을 지내고 가려니 시간이 너무 많이 남는다. 고민 끝에 연하천 대피소까지 걷기로 한다. 여기서부터 혼자 가야 한다. 같이 걷던 일행이 갑자기 사라지고 혼자서 산길을 걷는다는 것이 실감나질 않는다. 그래도 삼삼오오 천왕봉으로 가는 사람들이 가끔씩 보인다. 그러나 시간이 갈수록 사람들의 통행 빈도가 점점 줄어든다.

형제봉을 지나고부터 걷는 것이 갑자기 힘들어진다. 등산을 하면 음식을 든든하게 먹어야 한다. 아침도 간단히 했는데, 점심도 부실하게 먹어서일까. 오늘은 식사가 다른 날에 비해 부실했다. 산길은 걸으려면 아침부터 잘 챙겨 먹어야 한다는 사실을 다시 한번 깨닫게 된다.

그래도 걸었다. 오늘따라 혼자서 산길을 걷는 것이 힘이 든다. 연하천대피소에 도착하여, 시원한 물 한 모금을 마시고, 물을 보충했다. 3시가 되어 간다. 노고단까지 남은 거리가 12km이다. 안내판에 2시 이

전에 통과하도록 표시되어 있다. 오늘 걸을 수 있는 남은 시간이 7시까지면 4시간이다. 시간당 2.5㎞를 걷는다고 예상하면 7시 30분 정도에 도착할 수 있겠다는 생각이 들었다. 그런데 이것이 큰 착각이었다.

잘못된 판단이 사고를 유발한다

산에서의 오후 시간은 금방 어두워진다. 해가 비치는 길은 괜찮지만, 숲길을 걸으면 어두워진다는 사실을 까맣게 잊고 있었다. 지리산의 유명한 샘, 임걸령샘을 그냥 지나칠 수 없다. 거기서 아주 맛난 샘물을 한 모금 마시고, 다시 출발한다. 피아골 방향에서 개 짖는 소리가 가까이서 들리는 듯하다. 몸이 피곤하니 환청이 들리는 것인가. 지리산에도 야생화된 개들이 있다는 것도 들은 터이다. 갑자기 두려움이 엄습해 온다. 주변에는 나그네 혼자 걷고 있다. 이런 산길은 혼자 걷는 것이 아니라는 것도 충분히 알고 있었음에도 불구하고, 오늘은 무엇이 나를 이 길로 혼자 오도록 했을까. 숲길로 들어서니 금방 어두워질 것 같은 기분이 든다. 헤드 랜턴이 있는지 확인한다.

배낭에 있던 금속방울을 달고 소리가 나도록 했다. 그리고 등산길에 있는 돌을 들어서 숲 아래로 몇 번을 던져 보았다. 큰 돌도 산 아래로 굴려 보았다. 그렇게 몇 번의 시도를 했다. 그것이 효과를 본 것일까, 개 짖는 소리가 들리지 않는다. 주변에 있는 동물들을 멀리 쫓아 버리기 위해서 스틱으로 죄 없는 나무도 가끔씩 치면서 걸었다.

힘들게 빨리 걷다 보니 얼굴과 온몸이 땀으로 흠뻑 젖었다. 7시가 거의 되어 간다. 노고단고개에 도착했다. 큰 한숨이 저절로 나온다. 이제는 굴러가도 노고단대피소까지는 갈 수 있다는 자신감이 생긴다. 해는 벌써 서산으로 넘어갔다. 주위는 서서히 어둠이 내리기 시작한다. 오늘처럼 이렇게 힘든 산행이 된다면 앞으로 어떻게 그 먼 산길인 백두대간을 걸을 수 있을까.

  노고단대피소로 내려오니 저녁 식사를 하던 등산객이 어디서부터 걸어왔느냐고 묻는다. 새벽에 중산리를 출발해서 지금 여기까지 왔노라고 하니까, 자신의 다리와 무릎에 미안한 생각이 들지 않으냐고 묻는다. 정말 무릎한테 미안한 생각이 든다. 거기에다 점심도 대충 먹다 보니 몸도 마음도 많이 힘들었을 것이다. 왜 이렇게 무리한 산행을 했을까. 아무리 생각해도 이해가 가질 않는다.

  앞으로 이런 일이 일어나지 않으려면 식사도 제시간에 챙겨 먹고, 한 시간에 한 번씩 쉬고, 간편식을 수시로 먹으면서 체력을 유지하면서 걸어야 할 것이다. 무식하고 무리한 등산은 예고 없는 사고를 유발한다. 앞으로 이러한 산행은 절대 하지 않겠다고 다시 한번 자신에게 약속한 날이었다.

지리산 천왕봉 표지석에서 인증 사진 한 장 남겼다. 사람들이 많지 않아서 제대로 된 사진을 찍을 수 있었다.

4.
모락산을 오르면서

작지만 오르기 좋은 둘레길 같은 산

　전 세계를 덮친 역병이 세상을 혼란스럽게 해도 봄이 가니 신록의 계절인 여름이 온다. 누가 뭐라 하든 자연은 그저 제 갈 길을 묵묵히 가고 있다. 자연과 함께 살아가는 동식물들도 그러하다. 봄 내내 짝을 찾느라 부르던 새들의 지저귐 소리도 이제는 조용하다. 그들도 지금쯤 여름이 가기 전에 후손을 열심히 키우고 있을 것이다. 새들이 알을 낳고 부화해서 둥지를 떠날 때까지의 과정을 바라보고 있노라면 참 영리하다는 생각이 든다.
　새의 종류에 따라 다르지만, 물까치는 대여섯 마리의 새끼를 키우고 있다. 어미들이 새끼들에게 골고루 먹이를 먹이는 것을 보면 변별력이 참 대단하다는 것을 알 수 있다. 그리고 새끼가 고양이나 뱀과 같은 동물들로부터 위험을 예방하기 위하여 배설물은 입에 물고 멀리 날아가서 버리고 있다. 이러한 과정이 모두 숲속에서 이루어지고 있다.
　숲이 야생 동식물은 물론 우리 인간에게 주는 혜택도 엄청나게 많다. 그런 숲의 또 다른 얼굴은 모든 것이 숨을 수 있도록 좋은 조건을 갖추고 있다는 것이다. 그래서 전쟁이 터지면 방어가 유리한 산을 이용하여 전투를 치른다. 우리나라에서 발생한 전쟁도 대부분 그런 유형으로 치러졌다.

전쟁은 모든 사람들에게 피해를 준다

우리는 역사적으로 크고 작은 전쟁이 많았다. 대부분의 전쟁은 침략을 받았고, 그 과정에서 많은 피해를 입었다. 전쟁이 끝나면 조공국(朝貢國)으로 전락하였고, 결국에는 나라가 두 동강이 나는 사태까지 벌어졌다. 전쟁으로 많은 교훈을 얻었고, 아픔도 겪었지만, 더 서글픈 것은 칠십여 년 전에는 같은 민족끼리 죽고 죽이는 전쟁을 했다는 것이다.

6.25 전쟁으로 우리의 모든 산하는 전쟁터였다. 보급선의 주 통로였던 도로를 중심으로 크고 작은 산들은 서로 뺏고 빼앗기는 나날의 연속이었다. 전쟁이 터지고 계절이 바뀐 1951년 1월에 국군과 유엔군은 서울을 탈환하기 위하여 경기도 수원, 군포, 안양을 연결하는 전선에서 치열한 전투가 벌어졌다.

사흘간의 교전 끝에 국군과 유엔군은 모락산을 손에 넣을 수 있었다. 이곳에서 승기(勝機)를 잡으면서 2월에 관악산을 점령했고, 수도 서울을 탈환했다. 이 과정에서 국군 칠십여 명이 전사하고, 이백여 명의 부상자가 발생했다.

추운 겨울날 수도 서울을 수복하기 위한 전투에서 희생된 군인들의 넋이 아직도 이 산 어딘가에 묻혀 있을 것이다. 우리는 그런 사실을 까맣게 잊고 그저 무심하게 산을 오르고 있다. 칠십여 년 전 이 땅에서 살고 있었던 국민이라면 누구나 겪었을 일이지만 지금의 전후 세대는 전쟁을 경험하지 못했기 때문에 그런 아픔을 알지 못할 것이다. 당시 그렇게 피로 얼룩진 모락산을 지금은 건강을 위하여 오르내리고 있다.

더운 여름날 그저 힘들다는 생각만 할 뿐이다. 오르내리는 등산길에 편히 앉아 쉬면서도 덥다고 투정을 한다. 이런 곳에서 칠십여 년 전에 그렇게 치열한 전투가 일어났는지조차도 모른다. 아니 굳이 알리고 노력도 하지 않는다. 그것은 지나간 일이라 치부한다. 지금의 우리가 이렇게 마음 편하게 오를 수 있는 것은 자신의 잘남 때문이 아니다. 그때 그분들의 고귀한 희생이 없었다면 우리는 이런 호사는 누릴 수 없었을 것이다.

피비린내 나는 권력 다툼

가쁜 숨을 몰아쉬면서 산을 오르다 보면 사인암(舍人巖)에 도착한다. 시야가 확 트인다. 안양 시가지가 한눈에 들어온다. 좌우로 수리산과 관악산도 손에 잡힐 듯 보인다. 이렇게 전략적으로 중요한 곳이니 피아(彼我)가 서로 이곳을 차지하려고 싸웠는가 보다. 전쟁과 같은 상황에서는 이처럼 중요한 위치지만 시대에 따라서는 그 역할을 달리했다.

550여 년 전 세종의 넷째 아들 임영대군은 계유정난에서 수양대군이 권력을 잡자 이곳 광주 의곡(경기 의왕)으로 거처를 옮겼다. 그는 계유정난에서 세조 편에 가담했다. 그런 연유로 다른 형제들과 달리 큰 풍파 없이 노후를 이곳에서 보낼 수 있었다. 그런 그도 혈육 간의 피비린내 나는 광경을 두 눈으로 보면서 한편으로는 나라의 평안을 기원했을 것이다.

임영대군이 그런 기원을 하던 곳이 사인암이다. 여기에 서서 북쪽을 바라보면 관악산이 보이고 그 너머에 경복궁이 있다. 그의 후손들은 임영대군이 한양을 사모하던 산이라 하여 모락산(慕洛山)이라 불렀다. 그리고 훗날 임영대군의 넋을 기리기 위해 사인암 바로 아래에 경일암(擎日庵)이라는 작은 암자를 지었다.

역사는 늘 그러하듯 권력을 쟁취하는 과정에서 전쟁보다 더한 피비린내 나는 살육이 자행된다. 거기에는 부자지간도, 형제지간도 권력 쟁취를 위해서는 윤리 도덕이라는 글자는 찾아 볼 수 없을 정도로 비정했다. 세종의 아들인 세조가 특히 그러했다. 형제는 물론이고 결국에는 조카인 단종까지 처형했다.

날씨가 더운 탓인지 사회적 거리를 두라고 해서인지 많은 사람이 산을 오르고 있다. 좁은 등산길에 마주 오는 사람이 있으면 가급적 멀리 떨어지려고 비켜서서 지나가길 기다린다. 옛말에 옷깃만 스쳐도 인연이라고 했다. 그런데 요즘 세태에서는 가당치나 않은 말이 되었다.

정상에서도 사진만 찍고 일찍감치 자리를 뜬다. 예전 같으면 전망대에서 한참을 서서 먼 산을 바라보면서 지나온 자신의 삶을 돌아보고 아름다운 미래를 머리에 그려 보았을 그런 곳이다. 그런데 지금은 그것보다 발등에 떨어진 건강 안전이 최고인 세상이 되었다. 시원한 나무 밑에 앉아서도 멀리 떨어져 앉는다. 전처럼 옆 사람과 대화를 하려고도 하지 않는다. 대부분의 사람은 마스크로 얼굴을 가리고 있으니 도대체 남녀 구분이 안 된다. 사회적 거리 두기가 우리 사회의 문화로 자리 잡아 가고 있는 느낌이다.

유적지로 남은 최후의 보루

모락산 정상에는 또 다른 유적지가 있다. 고구려가 아차산 정상에 보루(堡壘)를 설치했듯이 백제는 이곳 모락산 정상에 보루를 구축했다. 한강 이남에는 이러한 진지들이 많이 설치되어 있다. 이곳 지형을 최대한 살려서 산성이 축조되었다. 지금은 그 당시의 흔적만 조금 남아 있지만 발굴된 자료를 보면 그때의 화려한 영화를 보는 듯하다.

예나 지금이나 국가를 방위하는 것이 얼마나 어려운지 겪어 보지 않으면 알 수 없다. 이곳 모락산도 그런 곳이다. 삼국 시대 때 백제가 그러했고, 6.25 전쟁 중에는 국군과 유엔군이 그랬다. 병력 숫자로는 중공군을 능가할 수 없었지만, 유엔군의 지원을 받은 국군은 오로지 나라를 지키겠다는 일념으로 전투를 승리로 이끌었다.

몇 년 전에 열린 6.25 전쟁 70주년 기념식에서 미국에 안치 중이던 국군 유해 147위가 귀국했다. 북한에서 발굴된 유해는 미국에 전달되었고, 미국에서 감식한 결과 한국군 전사자로 판명된 유해다. 6.25 전쟁 중에 순직한 그분들이 망백(望百)이 훨씬 넘은 나이에 이제야 고국 땅을 밟고 얼마나 기뻐하셨을까. 그때 그분들의 희생이 있었기에 현재의 우리가 있는 것이다.

국방은 말로 하는 것이 아니다. 전쟁을 예방하려면 평화로울 때 힘을 길러야 한다고 했다. 군인들이 오직 국방에만 전념할 수 있도록 모든 국민들이 힘을 모아 응원해 주어야 한다. 다시는 이 땅에 그런 비극적인 일이 일어나지 않기를 바라면서 모락산 정상에 세워진 자그마한 충혼비에 묵념을 한다.

안내판은 모락산에서 전사한 군인들의 유해를 발굴했다는 내용을 알리고 있다.

5.
수리산 한 바퀴

순교자를 거두어 잠들게 한 산

　국운이 쇠퇴해지면 주변의 권력자들은 자신들의 권력에만 관심이 있고, 백성들의 안위(安危)에는 전혀 관심이 없다. 거기에 더하여 정치적인 이슈(issue)만 있으면 그것을 계기로 새로운 권력을 잡아 보려는 욕심에 백성들의 삶은 더욱 고단해진다. 조선 후기 헌종 5년(1839년)에 일어난 기해박해(己亥迫害)는 천주교 탄압을 빌미로 안동 김씨와 풍양 조씨의 권력 지형이 변하는 사건으로 전개된다.
　이 일로 수리산 병목안에서 담배를 재배하면서 천주교 신자들과 함께 생활을 꾸려 가던 최경환 스테파노 성인이 체포되었다. 그는 한양으로 압송된 이후 천주교를 배교(背敎)하라는 권유를 끝까지 거부하다 고문을 이기지 못하고 옥사했다. 그 사건이 있고 난 후 그의 거룩하고 숭고한 정신을 이어 가고자 이곳 병목안에 천주교기념성지를 세웠다. 이처럼 수리산은 천주교와 깊은 인연을 맺고 있는 산이다.

병목안은 모든 것을 품어 주었다

　180여 년 전에 일어난 일이지만 역사는 그것을 기록하고 있다. 그런 사연을 안고 있는 산이 수리산이다. 산행은 병목안시민공원에서 시작한다. 계곡의 모양이 병의 입구처럼 좁게 생겼다고 하여 병목안이라 부르고 있다. 들어오는 입구가 양쪽의 산 능선 끝이 좁은 계곡을 꽉 물고 있는 형상이다.

관모봉, 태을봉, 수암봉에서 흘러내리는 정기가 더는 빠져나가지 못하게 차단하고 있다. 입구를 지나면 병 내부처럼 넓어진다. 우리나라의 지명(地名)은 지형 형세를 잘 설명해 주는 이름들이 많다. 조상들의 번뜩이는 지혜가 참으로 놀랍기만 하다.

병목안에는 시민들이 편리하게 이용할 수 있는 시민공원이 있다. 산꼭대기에서 흘러내리는 인공 폭포의 요란한 물소리가 모든 번잡한 일들을 묻어 버리고 있다. 마음이 복잡할 때 이곳 인공 폭포 아래에 서 있으면 마음속에 있는 화(火)를 물(水)이 깔끔하게 씻어 줄 것이다. 지금의 자리는 1930년대부터 철도 건설에 사용하던 자갈을 채취하던 채석장이었다. 이런 것을 보노라면 이 세상에 쓸모없는 것은 아무도 없다는 것을 알 수 있다.

병목안시민공원

돌덩어리만 남은 곳에 아무런 식물이 살 수 없었지만 계단을 만들고 흙을 돋우어서 잔디와 나무를 심은 결과 지금은 녹색공원으로 탈바꿈했다. 시민공원에서 수리산 정상으로 가는 입구에는 이 지역의 명칭에 걸맞게 거대한 병 모양의 돌탑 두 개가 나란히 자리 잡고 있다. 주변에 있던 돌들을 모아서 쌓은 탑인데 정교함이 장인의 솜씨를 보는 듯하다.

계곡의 시원한 물소리를 들으면서 가파른 산길을 오른다. 관모봉(冠帽

峰)이다. 멀리서 보면 갓을 쓴 모습처럼 보인다. 산봉우리 영향으로 이 산기슭에 살았던 사람들이 관직(官職)에 많이 진출했을 것이라 상상해 본다. 우뚝 솟은 봉우리라 북쪽과 동쪽에 있는 많은 산들을 바라볼 수 있다. 오늘처럼 맑은 날에는 시선의 끝이 없을 정도로 산 너머에는 무슨 산들이 이렇게 많은지 궁금증이 일 정도다.

　수리산 정상인 태을봉까지는 1㎞가 채 안 되는 거리에 있다. 나무 밑으로 걷다 보면 가파른 오르막길이 나오는데 적당하게 땀을 쏟으면 널따란 헬기장이 나온다. 여기가 정상이다. 그런데 정상석 명칭이 수리산(修理山)이 아니고 태을봉(太乙峰)이다. 이곳은 고려 시대부터 북쪽에 있는 신령한 별에게 마을의 안녕을 기원하기 위하여 산신제(山神祭)를 지냈다고 하여 그렇게 부르고 있다.

　쏟은 땀방울만큼의 물을 보충하고 슬기봉으로 간다. 수리산 코스 중에서 가장 멋진 코스라고 생각한다. 칼바위능선 위를 걷는다는 것은 위험성을 내포하지만, 스릴(thrill)이 있는 산길이라 걷는 기쁨 또한 큰 것이다. 그래서 가치 있는 것은 값이 비싼 것이다.

칼바위능선길

　이곳에는 등산인의 안전을 위하여 계단을 만들어 위험성을 줄이고 있지만, 모험을 즐기는 이들은 이를 아랑곳하지 않는다. 만일 사고라도 나면 화재 업무에 집중해야 할 소방공무원들이 개인의 취미 생활에 동원되는 비효율적인 결과를 가져오는 피해를 끼치게 되니 가급적이면 안전한 산행을 하면 좋겠다.

　이 코스 중에 바위 위에서 두 팔을 벌리고 사진을 찍으면 영화「타이

타닉」과 같은 연출을 할 수 있는 곳이 있다. 그런데 자주 오는 사람들만 아는 곳이라 초행자들은 그냥 지나치기 십상이다. 안내 팻말이라도 설치했으면 좋겠다.

능선을 걸으면서 좌우 어디를 보아도 시야가 트여 있다. 그렇다고 늘 이런 것은 아니다. 오늘처럼 쾌청한 날에만 특별히 누릴 수 있는 호사다. 왼쪽을 보면 멀리 시화호가 보이고, 오른쪽을 보면 북한산 인수봉까지 선명하게 보인다. 7월의 짙은 녹음이 시야까지 선명하게 해 주고 있다. 사람의 시력은 녹색을 많이 보면 좋아진다고 한다.

우리나라 테니스 선수인 '정현'은 어린 시절 시력이 좋지 않아서 그의 부모는 아들의 시력을 좋게 하려고 녹색의 코트로 되어 있는 테니스를 가르쳤다고 했다. 그것이 계기가 되어 한국의 대표선수로 성장하여 국제 무대까지 진출하게 되었다고 하니 일거양득(一擧兩得)이란 게 이런 것을 두고 하는 말일 것이다.

막혔던 숨통을 산에서 들이마시다

요즘 어디를 가든 장맛비를 맞은 나무들이 다가오는 가을을 준비하기 위해 엄청난 탄소 동화 작용을 하고 있다. 자신이 가지고 있던 산소를 뿜어내고 대기 중에 있는 이산화탄소를 흡수하고 있다. 이런 환경 속에서 산길을 걸으면 깨끗한 산소를 마시게 된다. 뜨거워지는 지구의 온도를 낮추기 위해서는 울창한 숲이 많으면 좋다고 한다. 나무는 이처럼 생태계는 물론 인간에게 이로운 일을 많이 한다.

의사들은 공기가 깨끗한 곳에서 걷는 사람들은 그렇지 않은 사람들보다 육체적으로 건강해진다고 했다. 그래서 사람들은 시간만 나면 산과 들을 걷고 있다. 초록색의 나뭇잎을 보고 있으면 정신적인 건강도 좋아질 것이다. 산림을 이용한 건강 프로그램들이 많아지고 있는 이유이기도 하다.

요즘 같은 시대에는 다른 사람들과 접촉하지 않으면서 할 수 있는 최선의 운동이 등산이라 생각한다. 그러다 보니 어떤 산들은 너무 많은 사람들이 한꺼번에 몰려들어 오히려 나무들이 스트레스를 받고 있다고 한다.

슬기봉이다. 원래 정상은 보안 시설이 들어서 있어서 그 옆에 작은 봉우리가 그 역할을 대신하고 있다. 슬기봉은 6.25전쟁 이후 통신 부대가 자리를 잡은 이래 일반인들의 접근이 불가능한 지역이 되었다. 대신 슬기봉 바로 아래 기슭에 조망대를 설치하여 인천 앞바다와 북한산을 바라볼 수 있도록 하였으니 굳이 정상이 아니더라도 정상과 같은 호사를 누리고 있으니 그저 감사할 뿐이다.

슬기봉에서 계단을 내려서면 콘크리트 포장길이 나온다. 이 길을 잠시 걸으면 왼쪽으로 작은 정자가 보인다. 정자 오른쪽 길을 따라 걸으면 수암봉으로 가는 길이다. 수암봉에 올라서면 서해안이 더 선명하게 보인다. 그리고 아래를 내려다보면 서울 외곽 순환 도로의 수리터널과 수암터널 사이에 약 오백 미터 정도의 고속 도로가 살짝 보인다. 여기서부터 안양시민공원이 있는 병목안까지 계속 하산하는 길이다.

하루 동안 수고한 발의 피로를 풀어 주려면 시원한 개울물에 발을 씻어 주는 것이 가장 효과적이다. 며칠 전에 내린 장맛비에 많은 물이 흐르고 있다. 적당한 곳에서 자리를 잡고 수고한 발에 감사하면서 오늘 산행을 마무리한다.

수리산 칼바위 능선길에 있는 조망터. 지나가는 등산객이 두 팔을 벌리고 수암봉을 바라보고 있다.

6.
청계산

푸른 숲과 계곡이 맑아서 사랑받는 산

한여름이 시작되면 곧 장마철이 다가오는 계절이 된다. 무더운 여름은 어디를 가도 덥다. 사람들은 더위를 피하고자 물이 있는 계곡의 시원한 그늘을 찾게 된다. 모든 사람들이 그늘과 쉴 곳을 찾아가면서 벌써부터 휴일이면 전국의 도로는 북새통을 이루고 있다.

대중교통인 버스를 이용하면 편안하게 갈 수 있지만, 시대적인 상황으로 서로 얼굴을 모르는 사람들끼리 좁은 공간에서 앉아 가는 버스는 피하려 하고 있다. 대부분의 사람들은 승용차를 이용하여 나들이를 가게 된다. 이러니 도로가 정체되고 차 안에서 보내는 시간이 길어진다.

좋은 시간을 보내려고 길을 나섰는데 도로에서 보내는 시간이 길어지다 보니 정신적으로 피곤하다. 그래서 교통 체증도 피하고 시원한 그늘이 있는 가까운 근교 산을 찾게 되는 것이 요즘의 문화가 되고 있다.

축복받은 수도 서울

서울은 주변에 북한산, 도봉산, 관악산같이 풍광이 수려한 산들이 많다. 우리나라처럼 수도 주변에 큰 강과 많은 산을 함께 가지고 있는 나라가 별로 없다. 산을 조금 다닌다고 하면 하루 대여섯 시간 정도의 산행은 이웃 마을 가듯 갈 수 있는 것이 서울이다.

서울 주변의 산 중에서 접근성이 가장 편리하고 등산 초보자도 크게 무리 없이 오를 수 있는 산이 청계산이다. 전철을 타고 청계산입구역에서 내려 이백여 미터만 가면 청계산 입구인 원터골이 나온다. 어떤 매체에서 인기 있는 산이 어떤 산인지 스마트폰 앱으로 조사를 해 보니 수도권 주변의 산들이 모두 10위권 안에 들어 있었다. 전체 인구의 과반수가 수도권에 집중해서 살고 있으니 당연한 이야기일 수 있다.

청계산 산행은 대부분 원터골에서 시작하고 있다. 그러나 이번에는 양재화물터미널에서 시작해 보기로 했다. 전철 신분당선의 양재역이나 양재시민의숲역에서 과천 방향으로 가는 버스를 타고 양재화물터미널에서 하차하면 된다. 아니면 양재역 4번 출구에서 마을버스 8번을 타고 추모공원입구에서 내리면 막 바로 산행을 시작할 수 있어서 편리하다.

맨발로 걷기 좋은 길

이 코스는 우선 산행객이 거의 없는 길이다. 요즘처럼 사회적 거리두기가 일상인 시대에는 적극적으로 추천하는 등산길이다. 청계산 옥녀봉은 북한산이나 관악산처럼 바위로 이루어진 산이 아니고 흙이 많은 산이다. 나무들도 땅속으로 깊이 뿌리를 내리니 높이 자랄 수 있다. 자연스레 등산길은 숲속으로 걷게 된다. 그동안 마음껏 숨 쉬어 보지 못한 기회를 여기서 입과 코를 크게 벌리고 피톤치드(phytoncide)를 실컷 들이마실 수 있다. 그리고 흙길이다 보니 등산화를 벗고 맨발로 걸어도 좋은 길이다.

혼자만의 사색에 젖어 걷다 보니 주변이 조금 어수선하다. 옥녀봉 정상이다. 원터골에서 올라온 산행객들이 옹기종기 모여 앉아 대화를 나누고 있다. 봉우리라고 하지만 헬기장처럼 넓고 평평한 곳이다. 서쪽으로 관악산이 보인다. 아마도 저곳은 이곳보다 더 많은 등산객들이 앉아서 쉬고 있을 것이다.

추사 김정희의 과지초당(瓜地草堂)

옥녀봉 아래에는 조선 후기 명필가인 추사 김정희의 생부 묘터와 그가 노후를 보냈던 유거지(幽居地)가 남아 있다. 추사의 생애는 파란만장했다. 큰아버지의 양자로 들어가서 문과에 급제하면서 벼슬길에 올랐으나 말년에는 각종 정치적 사건에 휘말리면서 제주도 대정과 함경도 북청으로 귀양을 가기도 했다. 유배에서 풀려난 추사는 과천 옥녀봉 아래에 과지초당(瓜地草堂)이라는 초옥(草屋)을 마련하고 노후를 보냈다.

긴 역사로 볼 때 사람이 태어나서 세상을 떠날 때까지 그 과정은 눈 깜짝할 순간이지만 짧은 시간 속에서도 영욕의 순간이 수시로 교차하고 있다. 티끌만도 못한 조그마한 욕심에 모든 것을 그르치는 현실을 보면 한 줌 흙으로 사라지는 순간까지도 놓지 못하는 욕심이 인간의 본성인가 보다.

몸을 일으켰다. 청계산으로 향한다. 잠시 내리막길이다. 원터골에서 올라오는 길과 합류된다. 여기서부터 1,450여 개가 되는 나무 계단을 모두 올라야 청계산 매봉(582m)에 도착할 수 있다. 여기처럼 한번 시작되면 연속하여 1,400여 개가 넘는 계단이 설치된 곳은 이곳이 유일할 것이다.

합류 지점부터 갑자기 사람들의 숫자가 많아진다. 계단을 오르는 사람들의 거친 숨소리가 가까이에서 들린다. 힘든 계단 길을 오르게 되면 자연스럽게 나오게 되는 신체적인 반응이다. 어떤 등산객은 왜 이리 계단이 많으냐고 투정을 한다.

우리의 삶이 이런 것이다. 좋은 일이 있으면 힘든 일도 있다. 산에 함께 가자고 했을 때는 좋아했지만 힘든 고비에서는 내 탓보다 산에 가자고 제안한 친구를 원망한다. 그 원망이 사그라질 때쯤이면 평지길이 나타난다. 친구에게 투정을 부린 자신이 머쓱해진다. 흘린 땀방울만큼이나 마음속으로 얻은 것이 많다는 생각이 들 것이다.

누구나 가볍게 오를 수 있는 산

청계산 코스는 다른 산과 달리 친구 모임, 직장 모임, 가족 모임이 많은 것이 특징이다. 주변의 산들과 달리 힘들지 않게 오를 수 있기 때문이다. 그러니 등산객들의 연령대가 자연스레 젊어지고 있다. 등산 복장도 전형적인 산행 복장보다는 반바지 차림에 운동화를 신은 모습도 종종 보인다. 거기에 더하여 요즘 인기를 얻고 있는 레깅스 차림도 많다.

청계산 코스는 등산 코스라기보다 뒷산으로 가는 듯한 기분이 든다. 문제는 이 코스에서 오르내리는 등산객이 많다 보니 사회적 거리 두기가 잘 지켜지지 않는다는 것이다. 교행할 때 가급적 서로 떨어져 걸으려고 노력하고 있으니 다행이다. 몸은 떨어져 걷더라도 마음은 가까워져야 한다고 이야기하는데 하루빨리 이런 현상이 사라지길 바랄 뿐이다.

돌문바위가 보인다. 돌이 'ㅅ' 자 형태로 서로 의지하면서 대문 모양을 만들었다. 돌문바위를 세 번만 돌면 소원이 이루어진다고 한다. 그 소원을 이루기 위해 대부분의 사람들이 바위를 돌고 있다. 나그네도 마음속으로 소원을 주문하면서 돌문을 돌았다. 어떤 종교를 믿든 관계없이 이것이 산을 오르는 사람들의 마음의 종교다.

고귀한 희생을 추모하다

정상을 오르는 나무 계단 옆 기둥에 충혼비 가는 길이라는 표지가 보인다. 청계산 정상 바로 아래에 충혼비가 세워져 있다. 1982년 6월 1일 공수특전사 소속 수송기가 훈련 도중 기상 악화로 추락하면서 장병 53명이 순직한 곳이다. 대부분 특전사 훈련병이었다. 그곳에 추모비가 세워졌고, 순직 장병 53명의 이름이 기록되어 있다. 이곳에 누군가가 가져다 놓은 꽃바구니가 있고, 종이컵에는 술이 부어져 있다. 당신 같은 이들이 있었기에 대한민국은 영원할 것이다.

충혼비에 갔던 길을 다시 되돌아 나온다. 나무 계단이 끝날 무렵 청계산 매봉(582m)이라는 정상석이 보인다. 정상석 부근이 좁지만 모처럼 올라온 곳이라 인증 사진을 찍느라 긴 줄이 생긴다. 대부분의 등산객들은 여기서 휴식을 취하면서 들고 온 간식을 먹고, 왔던 길을 되돌아서 출발 지점인 원터골로 하산한다.

청계산 매봉에서 망경대로 가는 길은 조용하다. 정상까지 올라오던 분위기가 여기서부터 바뀐다. 등산객의 연령대가 갑자기 높아진다. 다시 사회적 거리 두기가 자연스럽게 지켜지게 된다. 청계산 매봉에서 망경대로 가는 길은 대부분 평지길이다.

혈읍재에 도착한다. 혈읍재에 얽힌 이야기가 있다. 조선 성종 때 대학자인 정여창이 무오사화를 겪으면서 이곳 망경대로 오면서 피눈물을 흘리며 넘었다고 하여 혈흡재로 부르고 있다. 그는 사후에 갑자사화를 거치면서 부관참시(剖棺斬屍)까지 당하는 수모를 겪은 인물이기도 하다. 조선의 역사는 왜 이리 잔혹했을까. 죽은 자를 다시 목 베어 죽이는 나라가 세상 어디에 또 있을까.

망경대에서 관악산을 바라보다

이곳에서 이수봉 방향으로 가려면 전에는 오른쪽으로 가는 길이 있었으나 위험한 구간 때문에 지금은 폐쇄되었다. 대신 왼쪽으로 계단을 설치하여 안전하게 산행을 할 수 있도록 했다. 청계산 정상은 원래 망경대(616m)인데 국가 보안 시설이 설치되어 접근이 불가능하다. 대신 지나온 청계산 매봉이 청계산 주인 역할을 하고 있다.

망경대 옆길을 돌아 나오면 정상으로 가는 포장길이 나온다. 여기서 간이 화장실이 있는 뒤로 돌아서 조금만 올라가면 일반인들이 접근할 수 있는 망경대(望景臺)가 나온다. 망경대는 가파르고 높은 바위로 이루어져 있다. 망경대는 옥녀봉 쪽에서 바라보면 육산(肉山)으로 보이지만 대공원역에서 바라보면 바위 절벽으로 이루어져 있는 것을 알 수 있다.

망경대에 올라서 서쪽을 바라보면 서울대공원, 경마장, 과학관이 눈 아래로 보이고, 멀리 관악산과 수리산 능선들이 보인다. 조망이 끝내주는 봉우리다. 여기서 인생 샷 한 장을 남겨도 좋은 추억이 될 것이다.

은둔(隱遁)의 산

이곳 망경대는 고려가 멸망하자 고려의 충신이었던 조윤(趙胤)이 조선의 건국에 함께 참여해 달라는 태조 이성계의 요청을 거절하고 청계산 정상에서 고려의 수도인 송악을 바라보면서 세상의 허망함을 탄식했다고 하는 이야기가 전해진다. 예나 지금이나 '길이 아니면 가지를 말라'라고 했다. 그러나 길이 아닌 것을 알면서도 그 길을 기어이 걸으려고 하는 자가 있는 것은 그때나 지금이나 매한가지인가 보다.

왔던 길을 다시 돌아서 내려가면 삼거리가 나온다. 여기서 왼쪽으로 가면 이수봉, 국사봉, 그리고 서울 외곽 순환 도로를 넘어 백운산, 광교산으로 이어진다. 일명 청광(청계산~광교산) 종주길이다. 오른쪽으로 가면 서울대공원이 나온다. 그 길을 잠시 가다가 왼쪽으로 내려서면 청계사가 나온다. 이 절은 신라 시대에 창건한 절이다. 이 절 역시 고려의 충신들이 은거하며 지냈던 유서 깊은 절이기도 하다. 나그네는 오늘 일정을 청계사에서 마무리하려고 한다.

청계산은 조선 초에 고려의 충신들이 은거한 은둔의 산이면서 조선 말 추사 김정희가 말년을 보낸 곳이기도 하다. 지금은 1984년에 창경궁에 있던 동물원이 이곳으로 이사를 오면서 야생동물들의 보금자리로 자리매김하고 있다. 모든 것은 시대에 따라 변하게 되어 있다. 그것을 받아들이든 받아들이지 않든 역사는 사실대로 기록하면 되는 것이다. 그 시시비비(是是非非)는 후세가 판단할 것이다.

수도권에서 인기 있는 산 중의 하나인 청계산 매봉 정상석이다.

7.
산행(山行)으로 얻는 행복

산이 이렇게 좋은 줄 미처 몰랐다

　8월의 무더위는 모든 사물을 엿가락처럼 늘어지게 만들어 놓고 있다. 매년 여름이면 사람들은 도시를 떠나 조용하고 시원한 계곡을 찾아 나선다. 인간이 아무리 위대하다지만 자연 앞에서는 순응해야 하는 나약한 존재다.
　그러다 보니 사람들은 더위와 맞서지 않고 더위를 피하러 간다고 했다. 젊은 사람들은 바다로 피서(避暑)를 가지만, 나이가 들어 가면 바다보다는 계곡이 좋다. 계곡도 좋겠지만 볼거리가 별로 없다 보니 시간이 지나면 무료해진다. 그래서 적극적인 피서 방법으로 등산을 권하고 있다.
　산에 올라가면서 흘리는 땀방울에 대한 대가는 정상에서 맛보는 성취감과 시원한 바람이 보상해 준다. 천 미터가 넘는 산은 도시에 비해 무려 10℃ 정도 낮다. 그늘에 앉아 있으면 흐르던 땀방울도 금방 멎어 버린다. 그런 기분을 맛보려면 체력이 허용하는 한 피서는 산으로 가라고 한다.
　'프레데리크 그로'가 지은 『걷기, 두 발로 사유하는 철학』이라는 책을 보면 프리드리히 니체, 장 자크 루소, 헨리 데이비드 소로 등 유명한 학자들은 걸으면서 명상하고, 메모하고, 그것을 바탕으로 글을 썼다.

그리고 노년에는 건강을 회복하기 위해서 걸었다. 과거나 현재나 모든 사람의 건강법으로 가장 많이 추천하는 것이 걷는 것이다.

나그네는 1991년에 처음 시작한 블로그에서 그 제목을 '걷는 것이 행복이다'라고 이름 지었다. 걷기 운동으로 얻어지는 효과는 매우 많다. 체력이 받쳐 준다면 유산소 운동인 등산이 좋겠지만, 그것이 여의치 않으면 평지길이라도 일주일에 하루 30분씩 4~5일을 걸으라고 했다.

'고바야시 히로유키'가 지은 『죽기 전까지 걷고 싶다면 스쿼트를 하라』라는 책에서도 사람은 나이가 들어 갈수록 운동을 권하고 있다. 그것도 실내에서 할 수 있는 간단한 운동이 스쿼트(squat)라 소개하고 있다. 사람이 걷지 못하면 많은 것을 잃게 된다. 좋아하는 공원이나 음식점을 마음대로 가지 못한다. 자존감도 떨어진다. 그러면서 인생 전체가 무너질 수도 있다.

덕유산 정상은 사계절 붐비는 산이다

덕유산은 여름이면 더위를 피하면서 걸을 수 있어 인기를 얻고 있다. 사진이 취미인 사람들은 사진도 찍고, 등산도 하고, 그리고 피서도 할 수 있기 때문이다. 일단 덕유산은 정상 인근까지 곤돌라가 설치되어 있어 접근성이 좋다. 그러나 많은 사람이 한꺼번에 올라오기 때문에 자연이 받는 스트레스가 가장 심한 산이라고 알려져 있다.

곤돌라가 설치된 덕유산 정상은 사계절이 붐빈다. 이렇게 복잡한 덕유산 정상인 향적봉도 곤돌라 운행이 끊긴 5시 이후에는 인적이 없는 고요함을 되찾는다. 그리고 해가 지면서 일몰이 빚어내는 석양이 아름다운 곳이다.

오늘의 향적봉 일몰이 이런 모습이었다. 대낮에 내린 소나기의 영향으로 일몰 시간대에 바람과 함께 사방으로 흩어지는 안개가 멋진 풍경을 만들어 내고 있다. 해가 지는 서쪽을 바라보니 구름이 석양빛을 받아 불타는 모습이 금방이라도 용이 승천하는 듯한 장면이 펼쳐지고 있다.

정상에서 석양을 즐기는 여인

이 한적한 시간에 정상석 아래에 자리를 펴고 붉게 타오르는 석양을 바라보면서 편안한 자세로 먼 산을 바라보고 있는 사람이 보인다. 그것도 혼자 앉아 있다니 의아하다. 아무도 없는 정상에서 무슨 걱정을 하고 있는 것일까. 그런데 가까이서 보니 그것이 아니다.

고요함의 여유를 즐기면서 행복감에 빠져 있는 모습이다. 그녀가 느끼는 행복감은 어떤 것일까. 화려한 도시에서 명품으로 치장한 모습으로 타인의 시선을 느끼면서 당당하게 걷는 것도 아닌데 이렇게 행복하게 보이는 이유는 무엇일까. 그녀의 이야기는 이러했다.

"자주 산을 다녀 보았지만 오늘처럼 조용하고 아름다운 덕유능선과 불타는 노을을 바라보는 것이 처음입니다."

그도 그럴 것이 혼자서 지리 능선이 보이는 곳에서 지는 해를 바라보는 것이 그리 흔한 일은 아닐 것이다.

다음 날 새벽 나그네는 어두운 새벽길을 헤치고 중봉으로 일출을 촬영하겠다고 산길을 나섰다. 축축한 산길을 걸어 중봉에서 해가 뜨기를 기다리고 있었다. 일출은 고사하고 바람과 안개가 한 몸이 되어 덕유능선을 이리저리 넘나들면서 춤을 추고 있다. 하늘을 가득 메운 안개로 서늘한 기운이 옷 속을 파고든다.

여자 혼자 새벽 산길을 걷고 있다

바람이 적게 부는 언덕에 앉아서 해가 뜨는 동쪽 하늘만 하염없이 바라보고 있었다. 그 안개 속을 뚫고 등산객 한 분이 걸어오고 있다. 가까이에서 보니 어제 향적봉 정상에서 노을을 바라보면서 행복에 젖어 있던 여성 등산객이다.

향적봉대피소에서 1박하고, 혼자서 덕유능선을 걸으려고 나섰다고 한다. 커다란 배낭이 자그마한 그녀의 키와 비슷하다. 들어 보니 무겁다. 이렇게 큰 배낭을 메고 걸으면 힘들지 않은지 물어보았다.

"그래도 겨울 산행보다는 훨씬 수월합니다."
"등산을 시작한 지 2년 정도 되었습니다."
"등산이 이렇게 좋은지 미처 몰랐습니다."
"이젠 산길을 혼자 걸어도 무섭지 않습니다."

무엇이 이 여자를 이렇게 변하게 했을까. 지금은 다니던 직장 사정으로 두 달 무급 휴가 중인데 다음 달에 스위스로 트레킹을 가려고 훈련 중이라 한다. 그간 자신이 미처 몰랐던 취미가 등산이라는 사실을 알게 되었고, 그로 인해 모든 생활이 즐거워졌다고 한다. 그러면서 자신이 좋아하는 산행을 하면서 많지는 않지만 오로지 자신을 위하여 시간과 돈을 투자한다고 생각하니 이렇게 행복한 줄 미처 몰랐다고 한다.

맞는 말이다. 우리는 지금까지 살아오면서 타인을 의식하며, 타인을 위한 삶을 살고 있지 않았는지 자문해 볼 필요가 있다. 어떤 학교에 다니는지, 어떤 직장을 다니는지, 심지어 무슨 옷을 입는지, 다른 사람들이 나를 어떻게 생각할까 하면서 살아왔다. 오로지 자신만을 위한 삶은 어디에도 없었다. 그렇게 사는 삶이 과연 행복하다고 할 수 있을까.

좋아하는 일을 하면 행복하다

내가 좋아서 다니고, 내가 하고 싶은 일을 하면 힘들어도 힘든 줄 모른다. 그러면서 모든 것을 즐겁게, 자신 있게 할 수 있다. 그러한 것들이 하나하나 이루어지는 과정에서 자신감과 행복을 얻을 수 있다.

"남들은 힘들다고 하지만 내가 좋아서 하는 일이니 나는 산행이 힘든 줄 모르겠습니다."

"자신을 위하여 시간과 돈을 투자하니 그렇게 값어치 있는 투자가 된다는 것을 처음 알았습니다."

그녀의 이야기대로 산행이 이렇게 좋은 줄 이제야 알게 되었다고 한다.

우리가 산행을 하면서 얻는 행복은 여러 가지가 있을 수 있다. 첫 번째로 저렴한 비용으로 피서를 할 수 있고, 두 번째로 걷기 때문에 건강을 얻을 수 있고, 세 번째로는 자신이 하고 싶은 취미를 즐기기 때문에 자존감을 높일 수 있다.

지금부터라도 자신이 진정으로 바라던 삶을 살아간다면 인생의 참된 의미를 느낄 수 있을 것이다. 물론 여러 가지 사정으로 그런 여건을 만들 수 없는 사람도 있을 수 있다. 그러나 조금만 마음을 바꾼다면 그리 어려운 일은 아닐 것이다.

불교 화엄경에 일체유심조(一切唯心造)라는 말이 있다. 세상사 모든 일은 마음먹기에 달려 있다. 자신이 하고 싶은 일들이 있다면 지금 당장 시작하라고 권하고 싶다. 그것을 즐기겠다는 마음으로 시작하면 힘들다는 것을 느끼지 못하고 즐겁게 할 수 있다. 자신이 행복하다고 생각하면 상대방도 행복하게 해 줄 수 있는 아량이 생기는 것이다. 사람은 상대에게 베풂으로써 자신의 삶에 가치를 느낀다고 한다. 행복과 베품은 지금 우리 곁에 있다. 다만 느끼지 못할 뿐이다.

덕유산 향적봉에서 불타는 듯한 저녁놀을 바라보면서 등산객 두 사람이 양팔을 벌려 환호하고 있다.

8.
아들과 함께한 지리산

지리능선에서 미래를 꿈꾸다

　여름 한 철 푸르름을 자랑하던 나뭇잎은 이제 서서히 새로운 봄을 맞이하려고 겨울잠에 빠져들고 있다. 높은 산의 나무나 길거리의 가로수나 모든 나뭇잎들이 자취를 감추는 계절이다. 이런 것을 보면 나무들도 새봄을 위하여 제 한 몸 기꺼이 희생할 줄 아는 지혜를 가지고 있다.
　지리산을 종주한 지가 몇 년이 흘렀다. 이번에는 모처럼 귀국한 아들과 함께하기로 했다. 11월 초순 사당에서 출발한 산악회 버스는 밤새 경부 고속 도로와 진주~통영 간 고속 도로를 달려 다음 날 새벽 2시경 지리산 어귀인 반선에 잠시 머무른다.
　겨울철 새벽 산행을 하려면 우선 몸을 따뜻하게 데워 줘야 한다. 간단한 식사를 하고, 버스는 다시 성삼재를 향해 올라간다. 좁고 굴곡진 칠흑 같은 도로지만 운전사는 노련한 솜씨로 부드럽게 언덕길을 오른다. 어떤 분야의 전문가가 되기 위해서는 '일만 시간의 법칙'이란 것이 있다. 이 정도의 운전 실력이 되려면 최소한 십 년 이상 버스를 운전해야 이런 경지에 도달할 것이다. 이런 것을 보면 이 운전사는 일만 시간의 법칙을 실천한 것이 분명해 보인다. 새벽에 성삼재에서 입산이 시작되었다. 도시에서는 볼 수 없었던 밤하늘의 별들이 여기서는 왜 이리 밝고

총총하게 빛나는지 가던 길을 멈추고 몇 번인가 밤하늘을 쳐다본다.

달과 별을 보면서 걷다

　보름이 지난 지 며칠 되지 않아서 헤드 랜턴이 없어도 밤길 걷기가 그리 어렵지 않다. 동행한 아들은 처음으로 장거리 야간 산행을 하고 있지만 힘들다는 투정이 없어서 다행이다. 약 40분 정도를 오르면 노고단대피소에 도착한다. 대피소 취사장은 새벽 식사 준비를 하는 등산객들이 분주하게 움직이고 있다.

　아침 식사를 미리 마친 우리 일행은 잠시 휴식을 취하고 다시 새벽길을 재촉했다. 피크(peak) 철이 지난 산행이라 그런지 등산객들의 숫자는 예상보다 적다. 얼마를 걸었을까 서서히 여명이 밝아 오기 시작한다. 밤길을 걸으면 주변이 어두워서 앞만 보고 걷기 때문에 힘들어도 힘든 줄 모르고 걷게 되는 것이 야간 산행의 묘미다. 경마장 경주마가 경기를 시작하기 전에 눈 좌우에 가리개를 하는 이치를 알 것 같다.

　여명이 트는 시간 경남, 전남, 전북의 경계 지점인 삼도봉(三道峰)에 도착했다. 앞서 온 몇몇 사람들이 쉬면서 아침 풍경을 카메라에 담고 있다. 걸으면서 흘린 땀방울 때문인지, 초겨울 날씨임에도 그리 춥다는 생각이 나지 않는다. 밤새 땅에서 올라온 습기는 영하의 날씨로 발밑에서 서리가 밟힌다.

　해는 완전히 떴다. 토끼봉에 도착했다. 지난번 산행 때 이곳에서 아침 식사를 했던 생각이 난다. 날이 밝아 오면서 아침 공기가 따뜻해지기 시작하니 서서히 땀이 나기 시작한다. 그래도 무더운 여름철 산행에 비하면 걷기가 훨씬 수월하다.

9시쯤에 연하천대피소에 도착했다. 이곳에서도 일부 등산객들은 취사장에서 식사 준비를 하고 있다. 오고 가는 등산객들이 많지 않아서 등산길에서 만난 등산객들이 반갑기만 하다. 모처럼 부자(父子)가 시간을 함께하니 그동안 못다 한 이야기를 나누지만 걷는 것이 힘들다 보니 대화가 자주 끊긴다.

아들의 유학

아들이 미국으로 유학을 떠날 때 공항에서 작별 인사를 하던 모습이 잠시 눈앞을 스쳐 간다. 학교생활에 적응하는 자체가 쉽지 않았을 것인데도 성적이 우수하여 기숙사 비용을 면제받으면서 학부를 마쳤다고 하니 자랑스럽다.

대학원에 진학하면서 마음의 여유가 생겼는지 몇 가지 운동을 배우고 있다고 한다. 미국이라는 사회는 공부도 중요하지만, 사회로 진출하여 교류를 원활히 하려면 기본적으로 몇 개의 스포츠를 할 줄 알아야 한다고 한다.

이제부터 모든 일은 자신이 스스로 헤쳐 나가겠다고 한다. 맞는 말이다. 부모가 대학까지 가르치고 나면 스스로 해결할 수 있는 능력이 생기기 때문에 본인이 시행착오를 거치면서 성장해야 한다. 그러나 현실은 그리 녹록하지 않다. 그러다 보니 공부를 마치는 그날까지 늘 안타까운 마음뿐이다. 어디 그뿐이랴. 졸업을 하면 원하는 직장에 취업도 해야 한다. 그리고 결혼도 해야 한다. 모든 것이 힘든 과정의 연속이다.

이런저런 이야기를 하다 보니 벽소령대피소가 눈앞에 보인다. 아직 점심시간은 아니지만 아침을 일찍 먹은 관계로 여기서 점심 식사를 하기로 했다. 준비한 간편식을 개봉하여 코펠에 물을 넣고 끓였다. 이렇게 조리하면 시간과 연료를 절약할 수 있어서 좋다. 옆에서 김밥을 먹고 있던 등산객이 부러운 눈길로 바라보고 있다. 식사량에 여유가 있다면 함께하고 싶지만 여유가 없다 보니 따뜻한 물 한 잔만 건넸다.

식사를 끝내고 일어서면서 모든 일은 얼마나 철저히 준비를 하는가에 따라 결과가 달라진다고 알려 주었다. 산행을 하더라도 먹을 것 하나만큼은 확실하게 준비하면 즐겁고 안전한 산행이 된다는 것을 아들은 두 눈으로 확인했을 것이다.

세석대피소에서 일박(一泊)

새벽부터 지리산 종주 길을 오르내리기를 얼마나 반복했을까, 드디어 오늘 하룻밤 쉬어 갈 세석대피소가 보인다. 시계를 보니 오후 3시가 조금 안 된 시간이다. 이 정도면 상당히 양호한 산행을 한 것이다. 잠시 휴식을 취하고 간단히 저녁 식사 준비를 한다.

겨울 산속의 저녁은 빨리 찾아온다. 해가 지면 금방 추워지므로 서둘러 저녁 식사를 마무리해야 한다. 전날 밤잠을 설치고, 하루 종일 걸어온 탓인지 피곤하다. 어두워지기 전에 방 배정을 받고 정해진 침상에서 잠을 청했다. 다소 춥고 주변이 부산스럽지만 피곤한 탓인지 잠자리에서 금방 잠이 들었다.

다음 날 새벽 3시에 맞춰 둔 알람에 눈을 뜨니 주변이 조용하다. 간간이 코 고는 소리만 적막을 깨고 있다. 천왕봉 일출을 보려면 이 시간에 출발해야 한다. 대피소를 나서니 거센 바람과 안개가 휘몰아치고 있다. 능선을 지날 때는 바람이 너무 거세서 휩쓸려 갈 정도다. 안개가 얼마나 심한지 나뭇잎에 맺힌 물방울이 비처럼 떨어지고 있다.

사방은 어둠 때문에 지형지물이 어떻게 생겼는지 알 수가 없다. 헤드 랜턴에 의지하면서 좁다란 산길을 따라 앞으로 향할 뿐이다. 아들과 단둘뿐이다. 휘몰아치는 바람 때문에 무섭다는 생각을 할 겨를이 없다. 아들도 말없이 뒤따르고 있다. 군대 생활을 하면서 이런 경험도 많이 했을 것이므로 나그네만 앞에서 잘 걸어가면 된다.

장터목대피소

어둠 속을 뚫고 새벽 5시경 장터목대피소에 도착했다. 이곳 취사장은 아침 식사를 준비하는 등산객들로 발 디딜 틈이 없다. 취사장 바깥에서 간신히 바람을 피하면서 따뜻한 물과 간식으로 간단한 아침 식사를 한다. 다시 천왕봉을 향하여 올라간다. 제석봉을 지날 때는 새벽보다 더 심한 바람이 불고 있다. 통천문 부근에는 바람과 안개가 함께 휘몰아치니 11월 초순임에도 몸으로 느끼는 추위는 한겨울을 방불케 한다. 고산 지대의 산행은 이런 경우를 대비하여 준비할 물건들이 많다. 그러니 배낭 무게도 자연스레 무거워진다.

6시 30분이 지나면서 서서히 여명이 밝아 오기 시작한다. 뒤를 돌아보니 장터목 고개로 운해가 폭포수처럼 넘어가고 있다. 함께한 아들도 처음 본 광경에 탄성을 지르고 있다. 운해의 흐름이 20여 분 계속되고 있다. 일출을 보려면 조금 더 기다려야 한다. 날씨가 너무 추워 잠시 바람이 적게 부는 바위 아래로 몸을 피한다.

천왕봉에서 일출을 보다

얼마를 기다렸을까. 정상에 있던 등산객들의 탄성 소리가 들려온다. 붉은 태양이 대지를 뚫고 올라오기 시작한다. 서둘러 정상에 올랐다. 동쪽 먼 수평선에는 붉은 띠가 길게 펼쳐져 있고, 그 아래로 운해가 솜이불처럼 깔려 있다. 여러 번의 새벽 등산을 해 보았지만 이렇게 아름다운 광경은 처음 본다.

아들은 이번에 처음 지리산을 올랐다. 한국 최고의 산에서 보기 힘든 일출을 바라보면서 어떤 기도를 하고, 무슨 결심을 했을까. 그가 원하는 모든 것들이 이루어지고 삼사십 년 후에 다시 아들의 아들과 함께 지리산을 오른다면 오늘의 추억을 이야기할 것이다.

여러 장의 사진을 찍었으나 마음에 드는 장면은 없다. 새벽 사진이 원래 어렵다. 삼각대를 세우고 저속으로 찍어야 하는데 그런 준비를 하려면 많은 수고가 필요하다. 추위와 싸우면서 멋진 새벽 일출 모습을 보고자 무려 30여 분을 정상에서 버텼다. 더는 추위를 견딜 만한 체온의 고갈로 그만 하산하자는 아들의 요청을 거절할 수가 없어서 7시쯤에 중산리 방면으로 하산을 한다.

등산다운 등산과 일출다운 일출, 그리고 멋진 운해를 본 것으로 새벽 산행의 피로는 싹 가시는 기분이다. 법계사에 도착하여 준비한 라면으로 간단히 아침 식사를 끝냈다. 이번 산행의 종점인 중산리 탐방지원센터에 도착하면서 일박(一泊) 삼 일(三日)의 산행을 마무리한다.

처음으로 아들과 함께 장거리 산행을 했다. 아들은 딸과 달리 멀고도 가까운 사이다. 대화가 통할 듯하면서도 가끔씩 갈등이 생기기도 한다. 자주 이런 기회를 가진다면 부자 관계는 더 도타운 사이로 좁혀질까.

내년에 다시 귀국하면 이번에는 설악산으로 가자고 권유해 봐야겠다.

추운 초겨울 날 이른 새벽, 천왕봉 정상석에서 인증 사진을 찍고 있는 아들. 여러 사람 사이에서 겨우 찍은 한 장의 귀한 사진이다.

9.
겨울 두타산

불도(佛道)의 수행을 닦는 산

　이번 주말은 전국이 영하로 내려갈 것이라고 예보하고 있다. 옛날부터 겨울에 눈이 많이 내리면 풍년이 든다고 했다. 지금도 마찬가지다. 겨울에 눈이 많이 내려야 봄에 농사를 짓는 데 지장이 없다. 또한, 봄 가뭄과 산불에 대비하기 위해서는 많은 눈이 내려야 한다. 그런데 요즘은 지구 온난화 현상인지 겨울다운 겨울은 아닌 것 같다.
　겨울 산행을 하려면 사전에 준비할 것이 많다. 신발부터 방한 의류, 먹거리까지 골고루 갖추고 떠나야 고생을 하지 않고, 불의의 사고를 예방할 수 있다. 이번에는 그동안 백두대간을 진행하였던 팀들과 함께하기로 했다.
　오늘 산행 거리는 23㎞, 소요 시간은 8시간으로 계획하고 있다. 사전에 공지된 안내를 보고 과연 이 거리를 8시간 안에 걸을 수 있을까 고민했다. 산길은 보통 한 시간에 2㎞를 표준으로 하는데 오늘은 한 시간에 3㎞를 가야 한다. 그것도 휴식과 식사 시간을 빼면 더 많이 걸어야 한다. 고민이 되었지만 일단 부딪쳐 보기로 했다.
　백두대간을 전문으로 진행하는 팀에 합류하는 것은 이번이 처음이다. 목표 지점까지 완주가 힘들 경우에는 중간 탈출로로 하산하는 B코스를 함께 운영하는 것으로 공지되어 부담 없이 동참했다. 그래도 두타산(頭陀山)이라는 이름에 걸맞게 '속세의 번뇌를 버리고 불도의 수행을 닦는다.'라는 의미의 산행을 하려면 많은 시간이 필요한데 8시간으로 속세의 번뇌를 떠나서 산행을 할 수 있을지 의문이다.

새벽 5시에 안양을 출발한 버스는 영동 고속 도로에 접어든다. 제천을 거쳐 태백 광동댐 옆을 지나서 8시 30분경에 삼척시 하장면 번천리에 위치한 댓재에 도착한다. 댓재는 해발 8백 미터가 조금 넘는 곳으로 백두대간이 지나는 마루금이면서 국도가 지나간다.

댓재에서 산행을 시작하다

준비 운동을 하고 백두대간 표지석 앞에서 기념사진을 찍고 바쁘게 두타산으로 향한다. 3개 팀으로 구분되어 진행되고 있다. 대간 선두 팀, 대간 후미 팀, 두타산만 오르고 무릉계곡으로 하산하는 일요 산행 팀으로 꾸려졌다. 물론 일요 산행 팀이 가장 여유 있는 등산을 하는 팀들이다.

나그네는 대간 후미 팀에서 평소의 산행 속도대로 걸었다. 그런데 대간 종주 팀들의 보행 특성은 중간에서 휴식하는 시간이 불과 1~2분에 불과하다. 겨우 물 한 모금 마시고, 곧바로 출발한다. 함께 걸어가면서 생각을 해 보니 이대로 가다 보면 낙오하겠다는 생각이 들었다. 일단 두타산 정상까지 가 보고 계속 진행 여부를 결정하기로 했다.

걷는 내내 차가운 날씨가 얼굴을 때리고 있다. 날씨는 춥지만 겨울철이라 등산길이 여유로워 좋다. 앙상한 나뭇가지들이 바람에 몸을 맡기고 세상을 관조하는 듯 이리저리 흔들리고 있다. 그러나 나그네의 머릿속은 계속 걸어갈 것인지, 중간에서 하산할 것인지 복잡해진다.

두꺼운 방한복을 입고 걸으니 몸이 서서히 더워지기 시작한다. 햇대등에서 옷 한 꺼풀을 벗었다. 대간 줄기에 올라 보니 동해가 보인다. 모처럼 맑은 날씨 때문일까, 하늘도 파랗다. 이런 장면을 보려고 대간 산행을 하는가 보다.

낙엽이 진 겨울 산행이 이래서 좋은 것인가. 잎이 떨어진 나뭇가지 사이로 푸른 하늘이 보이고 바다까지 보이는 호사를 누린다. 남들은 낙엽이 지는 계절은 마음이 우울해진다고 하는데, 산행을 자주 하는 나그네에게는 나뭇잎이 떨어진 겨울이 더 좋다. 그래야 나뭇가지 사이로 따뜻한 햇살이 비치고 파란 하늘을 볼 수 있기 때문이다. 또한, 덥지 않기 때문에 걷기가 수월하다. 그래서 세상일은 자신이 처한 상황에 따라 모두 다르게 해석하고 있다.

나그네가 태어난 곳

나그네는 이곳 동해에서 태어났다. 20여 년을 살았던 고향이지만 두타산 정상을 밟는 것은 이번이 처음이다. 두타산을 오르려면 온전히 하루의 짬을 내야 하기 때문이다. 그 이후에도 산행을 시도하였지만, 두타산 산행은 다른 산들과 달리 쉽게 갈 수 있는 산이 아니었다.

이곳에서 태어나고 자라면서 매일 그 산을 바라보면서 꿈을 키워 왔던 산이다. 성년이 된 이후 고향에 들르면 늘 그 산을 바라보게 된다. 그리고 이만큼 건강하게 살고 있다는 것에 감사한 마음을 갖게 하였던 산이다. 어쩌면 이 산은 내 마음의 신앙과도 같은 산이다.

동해 시가지에서 두타산을 바라보면 삼각형 모양으로 우뚝 솟아 있다. 정상은 겨우내 눈으로 덮여 있어서 일본의 후지산처럼 하얀 산으로 보인다. 우측으로 보이는 청옥산(靑玉山, 1,404m)은 두타산(1,353m)보다 해발이 조금 높지만 낮게 보이는 현상은 두타산보다 조금 뒤쪽에 위치하였고, 산의 형세도 둥그런 활 모양이라서 그렇게 보이고 있다.

응달진 등산로에는 지난번 내린 눈이 쌓여 있다. 하지만 양지바른 곳에는 눈이 모두 녹아 등산길에는 먼지가 날리고 있다. 버스에서 먹은 김밥 한 줄로 아침을 대신하고 산을 오르려니 힘이 든다. 중간 휴식도 잠시 쉬고 오르니 2시간 20분 만에 두타산 정상에 도착한다. 후미 팀이 이 정도인데 선두 팀은 얼마나 빨리 걸었을까.

드디어 정상이다

날씨가 좋아서 백두대간 능선길이 남북으로 아스라이 조망된다. 먼저 도착한 대간 선두 팀과 무릉계곡에서 올라왔다는 세 명의 산행객들이 휴식을 취하고 있다. 그런데 정상에는 누구의 것인지 몰라도 무덤이 만들어져 있다. 조상의 음덕(蔭德)을 보려는 인간의 욕심이 이곳 높은 산 정상까지 파고들고 있어 보는 이의 마음을 씁쓸하게 한다.

정상에는 세 갈래의 길이 있다. 댓재와 무릉계곡으로 하산하는 길과 대간길인 청옥산으로 가는 길이 있다. 이 세 갈래 길에서 고민이 생겼다. 힘들지만 대간을 계속 탈 것인가. 아니면 손쉽게 일요 산행처럼 무릉계곡으로 하산할 것인가.

나그네가 태어나고 자라면서 늘 보아 왔던 산을 그냥 이곳에서 하산한다면 산에 대한 예의가 아니라는 생각이 들었다. '로버트 프로스트'의 「가지 않은 길」이라는 시가 생각난다. 결국, 시의 내용대로 나그네는 가 보지 않았던 대간 길을 선택하였다. 선두 팀은 이미 앞장서서 걷고 있어서 후미 팀 여섯 명의 대열에 합류했다. 물론 후미대장의 배려에 의해 나그네의 속도에 보조를 맞춰 주고 있다.

두타산에서 청옥산을 바라보면 바로 눈앞에 있는 것처럼 보인다. 박달령만 내려가서 오르면 바로 청옥산에 다다를 것처럼 보인다. 박달령으로 하산하는 길도 경사가 만만치가 않다. 그런데 갈수록 힘이 든다. 그래도 길을 나섰으니 다른 산행객들에게 민폐를 끼치지 않으려면 끝까지 혼자서 두 발로 걸어야 한다.

등산길 양옆에는 철쭉나무가 많이 자라고 있다. 힘든 산행길이지만 철쭉이 피는 봄이 오면 산길이 아름다울 것이라는 상상을 해 본다. 길 옆에는 지난여름을 아름답게 수놓았을 야생화 줄기도 여럿 보인다. 무슨 꽃인 줄 모르겠지만 봄이면 야생화도 지천으로 필 것이라는 생각을 해 본다. 산이든 인생이든 내려가면 다시 올라가야 하는 법이다. 박달령을 지나니 다시 오르막이 시작된다. 동행한 팀원들도 나그네처럼 힘이 드는지 산행 내내 아무런 말이 없다. 산행이 힘들면 나누던 대화도 끊어지게 된다. 그래서 힘든 산행을 묵언 수행이라고 이야기한다.

청옥산 정상에 도착하다

그렇게 안간힘을 쓰고 청옥산 정상에 도착하니 12시 30분이다. 두타산을 출발한 지 대략 1시간 30분이 흘렀다. 모두들 여기서 점심을 먹기로 한다. 각자 가지고 온 도시락을 펼쳐 놓고 보니 어떤 이는 햄버거를 준비해 왔다. 힘든 산행에서 이런 간편식으로 한 끼의 식사가 될 것인지 궁금했다.

정상에 샘이 있다고 들었는데, 산행 대장의 이야기로는 가뭄이 들면 샘이 마른다고 한다. 지금 같은 겨울에는 아마도 샘이 말라 있을 것이라 한다. 시간의 여유가 있다면 샘터도 보고 갔으면 좋으련만, 갈 길을 재촉하니 아쉽지만 그냥 지나치기로 한다.

청옥산 정상의 조망은 별로 볼 것이 없다. 주변에 우거진 나무로 인하여 하늘만 보인다. 정상에는 조그만 통신 시설이 태양열 발전으로 운용되고 있는 듯 집열판이 설치되어 있다. 고적대로 향하는 길은 지난번 내린 눈 때문에 미끄럽다. 겨울철 산길은 양지와 음지가 전혀 다른 모습을 보여 준다. 조금이라도 방심할 틈을 주지 않는 것이 겨울 산행이다.

점심 식사 후 한 시간 정도 걸었는데 오후 1시 30분에 고적대에 도착한다. 이곳은 정상이 우뚝 솟아 있어서 조망이 매우 좋다. 하늘에서 매 한 마리가 선회하면서 자신의 구역을 침범한 우리 일행에게 무언의 시위를 하는 듯 항의성 비행을 하고 있다.

두타산과 청옥산은 이웃처럼 마주 보고 있다. 멀리 동해 바다와 시가지도 보인다. 동해항도 뚜렷하게 보인다. 이곳에서 태어나서 이처럼 높은 곳에서 나그네의 태를 묻은 곳을 바라보니 감회가 새롭다. 힘든 산행이지만 이곳에 오기를 잘했다는 생각이 든다. 역시 '로버트 프로스트'의 시처럼 내가 가지 않은 길을 선택한 자신에게 감사하게 생각한다.

미끄러운 내리막길만 지나면 그리 힘들이지 않고 걸을 수 있는 길이 나온다. 주변의 조망도 아름답게 보인다. 날씨가 좋아서 그런지 종일 파란 하늘을 볼 수 있다. 하늘은 보기 좋지만, 아직도 갈 길이 멀게만 느껴진다. 힘든 산행이지만 길옆에서 자라고 있는 아름드리 적송(赤松)의 모습이 매우 믿음직스럽게 보인다.

하산길에 접어든다

 오후 4시쯤에 이기령에 도착한다. 오늘의 대간 길은 여기서 종료하고, 이제는 하산이다. 이 길에는 과거 고갯길을 걷던 길손들이 무사히 고개를 넘어갈 수 있기를 기도하면서 만들어 놓았던 서낭당 같은 기능을 하였던 국시댕이라는 곳이 있다. 한양으로 과거를 보러 가던 유생들이나, 봇짐장수들이 과거 급제와 무사 안녕을 기원하면서 한두 개의 돌을 던져서 만들어진 돌무덤 같은 곳이다.
 에너지가 고갈되니 하산길도 만만치가 않다. 이기령에서 마을까지는 대략 4㎞가 넘는 길이다. 말이 4㎞지 하산길은 힘든 길이다. 울퉁불퉁한 길에 일부 포장된 임도는 마지막까지 진을 빼게 만든다. 그래도 23㎞를 8시간 30분에 마무리했다는 것은 나그네에게 새로운 기록이다. 그 기록만치 몸은 서서히 산행에 익숙해지고 있음을 느낀다.

한겨울 눈 내린 두타산 정상에서 한 컷. 조용한 곳이라 여유롭게 사진 촬영이 가능한 곳이다.

10.
가족과 함께한 한라산

산은 쉽게 오를 수 있는 것이 아니다

　제주도로 가려면 비행기나 배로 가야 한다. 대부분의 사람들은 편리한 비행기를 이용한다. 해외로 가지 않지만, 공항에서 탑승 과정도 거치고 공항에 내리면 입국 절차를 밟듯 여러 과정을 거쳐야 제주에 도착하게 된다. 남녀노소를 막론하고 사람들은 비행기를 타는 순간 해외여행을 가는 듯이 기분이 좋아진다.

　비행기를 타고 제주도로 가는 여행 코스가 인기 여행지로 자리매김하고 있다. 어떤 연예인은 제주에 정착하여 펜션 숙박업을 하고, 방송을 타면서 선호도가 한층 높아지고 있다. 또한, 제주 한 달 살아 보기 방송 프로그램도 생기면서 이래저래 제주는 여러 사람의 관심을 끌고 있다.

　몇 년 전부터 제주도는 외국인에게 무비자 입국과 부동산 투자를 허용하면서 외국인 관광객이 몰려들고 있다. 그러다 보니 부동산 가격이 상승하는 부작용도 발생하고 있다. 이래저래 관광객이 늘어나면서 제주 해변을 따라 성업하기 시작한 카페는 제주를 찾는 모든 사람의 필수 코스로 자리 잡아 가고 있다.

　한라산은 여름철에 비도 많이 오지만, 겨울철에 눈이 많이 내리기로 유명한 곳이다. 한라산의 눈 산행은 덕유산 다음으로 많이 찾는 산이다. 얼마 전에는 등산을 전혀 다니지 않던 딸이 겨울 한라산을 가고 싶다고 한다. 웬일이냐고 물으니 "지금 가지 않으면 못 갈 것 같다는 생각이 든다."라고 한다. 그 한마디에 가족과 함께 제주 여행을 떠났다.

한라산은 쉽게 오를 수 있는 산이 아니다

한라산은 여행 다음 날에 오르기로 했다. 딸은 물론 아내도 등산은 동네 뒷산 정도만 다니는 수준이라 조금 걱정이 됐다. 다만, 한라산 등산길은 다른 산과 달리 경사도가 심하지 않고, 위험한 구간이 없어서 큰 어려움은 없을 것으로 생각했다. 그래도 겨울 산행은 언제 어디에 복병이 숨어 있을지 알 수가 없어서 겨울 산행에 필요한 기본 장비를 추가로 구입했다.

한라산 정상에는 커다란 호수가 있다. 이것을 백록담(白鹿潭)이라 한다. 옛날에 흰 사슴이 뛰어놀다 목이 마르면 분화구(噴火口)의 물을 마셨다는 것에서 유래하고 있다. 지금도 여름 장마철 분화구 안에 물이 고여 있을 때 흰 사슴 대신에 노루가 물을 마시는 모습을 자주 볼 수 있다.

등산 당일 날씨가 좋지 않다고 예보하고 있다. 새벽에 창문으로 내다보니 약간의 비가 내리고 있다. 기상도를 검색하니 9시경에는 비구름이 걷힌다고 한다. 차를 몰고 성판악으로 향한다. 그곳에도 약간의 비가 내리고 있지만, 곧 그칠 것이라는 기대감에 등산을 시작했다.

처음에는 비옷을 입고 걸었다. 얼마 후부터는 그냥 걸어도 될 정도로 비가 그쳤다. 해발 천 미터가 넘는 고지대라서 눈이 쌓여 있을 것으로 예상했다. 하지만 어젯밤에 내린 비와 포근한 날씨로 눈이 녹으면서 등산길은 봄날 시골길과 같이 질척거리고 있다. 장갑을 끼지 않아도 손이 시리지 않다.

처음 한라산을 오르는 아내와 딸은 밋밋한 등산길이 마냥 좋은가 보다. 여유로운 모습으로 오르고 있다. 해발이 높아지면서 눈이 보이기 시작한다. 시간이 흐를수록 세 사람의 간격이 서서히 벌어지고 있다. 딸은 앞장서서 걷고 있다. 아내는 힘이 드는지 뒤로 처지고 있다. 딸과 아내의 걷는 거리가 점점 더 벌어진다. 나그네는 중간에서 어중간하게 두 사람의 보조를 맞추고 간다.

등산은 아무나 하나

아무리 평범한 등산길이라 해도 산을 오르는 것은 힘든 일이다. 중간중간 앉아서 쉬는 사람들의 숫자가 늘어난다. 그중에는 부부와 초등학생 아들이 함께 걷는 일행이 있었다. 부인은 힘이 드는지 혼잣말처럼 푸념을 늘어놓고 있다. "내가 왜 이 개고생을 하는지 모르겠다."라고 한다. 듣고 보니 맞는 말이다.

얼마나 힘들면 아들 앞에서 이런 말을 할까 생각해 보았다. 아마도 남편의 요청으로 마지못해 오르고 있겠지만, 오늘 밤 한숨 푹 자고 나면 마음 한편으로 뿌듯한 생각이 들 것이다. 언제 이렇게 높은 산을 스스로 올라가 볼 것인가. 나중에 그도 친구들을 만나면 한라산 정상까지 올랐다고 자랑하지 않겠는가.

이런 것을 보면 모든 사람은 자신의 적성과 체력에 맞는 취미를 가져야 재미가 있고, 힘이 들지 않는다. 그런데 오늘 이런 가족처럼 억지로 등산하러 가자고 하면 다른 가족이 힘들어한다는 사실을 알아야 한다.

한라산 등반은 편편한 오름길이라서 쉽게 생각할 수 있다. 하지만 그것은 등산을 자주 하는 사람들의 기준이다. 모처럼 높은 산을 처음 오르는 우리 가족도 체력의 한계를 시험하는 극기 훈련과 다를 바가 없었다. 그나마 나그네는 아내와 딸이 평소에 운동을 자주 하고 있어서, 등산을 제안했을 때 동의를 했던 것이다. 그런데 운동은 종류도 많지만 등산은 또 다른 인내와 체력이 필요하다.

백록담 등산에는 통제 시간이 있다

겨울철에 백록담 정상을 가려면 12시 이전에 진달래밭대피소를 통과해야 한다. 여름철에는 오후 1시까지지만 겨울철에는 12시까지로 제한하고 있다. 이것은 정상까지 갔다가 하산하려면 이 시간까지 이곳을 통과해야 안전하게 하산할 수 있기 때문이다. 딸과 함께 11시 40분 경에 진달래밭대피소에 도착하여 아내를 기다리고 있었으나, 12시가 다 되어도 올라올 기미가 보이질 않는다. 전화를 하니 아직 십여 분은 더 올라가야 한다고 한다. 그러면 통과가 어려울 것 같았다.

딸과 둘만 올라가기로 한다. 나그네가 메고 왔던 배낭에 물과 먹을 것을 넣어서 통제소에 보관을 부탁했다. 딸과 함께 올라가면서 배낭을 보관해 두었으니 찾아서 간식을 먹고 기다리라고 했다. 그런데 12시에 간신히 진달래밭대피소를 통과했다는 전화가 왔다. 그것도 배낭을 찾아서 올라오고 있다고 한다.

처음 장거리 등산을 하는 한 걸음 한 걸음이 힘들 것인데 배낭을 메고 힘겹게 올라오는 모습이 눈에 보인다. 딸은 먼저 천천히 올라가라

하고, 나그네는 아내를 기다렸다. 얼마를 기다렸을까, 아내가 올라오고 있다. 주머니에 있던 초콜릿을 건넸다. 안 그래도 배가 고파서 배낭에 있던 간식을 조금 먹었다고 한다.

정상은 누구에게나 어렵다

정상으로 오르는 아내의 발걸음이 무겁게 보인다. "지금 아니면 언제 다시 한라산을 오를 수 있을까."라는 생각 때문에 최선을 다해서 오르고 있다고 한다. 정상을 오르는 일부 산행객은 보기에도 안타까울 정도로 힘들어하는 모습이 얼굴에 그대로 나타난다. 무엇이 그들을 이곳으로 오게 했을까. 그들 역시 지금 오르지 않으면 오를 수 있는 기회가 없을 것이라는 생각 때문에 모든 힘을 다하여 오를 것이다.

사라오름이라 불리는 산정(山頂)호수가 눈에 덮여서 하얀 쟁반처럼 보인다. 이곳이 제주 삼 대 명당 중에 하나라고 한다. 거기에는 지금도 몇 기의 무덤들이 존재하고 있는데 그들의 후손들이 얼마나 발복(發福)해서 영화를 누리고 있는지 궁금하다.

서쪽 하늘은 구름이 조금씩 걷히고 있다. 이런 날씨라면 백록담 내부는 들여다볼 수 있을 것이라는 예감이 든다. 같은 날 한라산을 올랐어도 누구는 백록담 호수 바닥을 보는 사람이 있는가 하면 어떤 사람은 몇 분 차이로 구름만 보고 왔다는 사람이 있을 정도로 정상은 고도가 높아서 기상 변화가 심한 산이다.

정상이 눈앞에 보여도 쉽게 다다를 수 없는 것이 산이다. 시간은 한시가 넘어가고 있다. 정상도 겨울철에는 안전을 위하여 1시 30분이 지나면 강제로 하산시키고 있다. 아내는 눈앞에 보이는 고지를 두고 치열한 전투를 벌이는 심정으로 오르고 있다. 정상에서는 벌써 하산하라는 국립공원 직원의 안내 방송이 요란하게 들린다. 그런데 지금까지 맑았던 하늘이 갑자기 차가운 바람과 함께 먹구름이 몰려오더니 정상을 덮고 있다.

기쁨도 잠시, 후일을 기약하다

드디어 정상이다. 육십 평생 처음 이렇게 높은 산에 올라 보았다고 외친다. 가슴이 벅찬 모양이다. 이런 것이 성취감이 아닐까. 스스로 대견하다고 생각하고 있는 것 같다. 이런 희열 때문에 사람들은 힘든 산을 한 걸음 한 걸음씩 오르고 있다. 먼저 올라와서 한참을 기다린 딸과 함께 힘찬 포옹을 한다. 빨리 하산하라는 국립 공원 직원의 외침에 잠시 귀를 막고 백록담이라고 새겨진 정상석에서 기념사진을 찍는다.

정상 도착 바로 전에 바람과 함께 몰고 온 안개는 백록담 내부를 가득 메우고 있다. 아내는 난생처음 올라온 한라산의 아름다운 분화구를 못 본 것이 못내 아쉬운가 보다. 진달래가 피는 봄에 다시 오자고 하니 힘든 표정으로 한숨을 내쉰다.

이렇듯 등산이라는 것이 오르는 과정은 힘들지만, 자신에게 성취감을 안겨 준다는 사실이 정신 건강에 유익한 스포츠임에는 틀림이 없는 것 같다. 하산을 재촉하는 국립공원 직원의 안내 방송을 들으면서 우리 가족은 뿌듯한 마음으로 하산한다. 비록 하산길이 멀지만, 마음만은 여유로운 발걸음이다. 오늘 하루 힘든 과정의 산행이었지만 오랫동안 온 가족의 추억으로 오래오래 가슴속에 남아 있을 것이다.

한겨울 한라산 정상에는 이렇게 눈이 쌓여 있다. 정상 표지석에서 가족 셋이 기념 촬영을 했다.

제3부

암자로 가는 길

1.
수락산 내원암

눈으로 보지 말고 마음으로 보는 곳

　서울 주변에는 북한산을 비롯하여 아름다운 산들이 많다. 세상에 수도 주변이 이렇게 아름다운 산들로 둘러싸인 나라는 그리 많지 않다. 대도시 중심으로 한강 같은 커다란 하천이 흐르는 곳 또한 흔치 않다.
　이렇게 아름다운 산이 가까이 있으니 매주 많은 사람이 자연을 찾아 산으로 간다. 오늘은 수락산유원지에서 내원암을 들러 수락산 정상으로 가기로 한다. 전에 이 길을 지나가려면 많은 식당이 길 입구를 막아섰는데 지금은 말끔하게 정리되어 자연을 만끽하면서 걸어갈 수 있는 등산길이 되었다.
　수락산이라는 이름은 『내원암 칠성각 신건기(內院庵 七星閣 新建記)』에 이렇게 기록되어 있다. '바위가 벽으로 둘러싸여 있으니 물이 굴러떨어져서 수락(水落)이라.'하였다. '물이 굴러떨어진다.'라는 구절로 인하여 수락산이라는 이름이 붙여졌다고 한다.
　이 산은 서쪽으로는 도봉산과 북한산을 마주 보고, 남쪽으로는 불암산이 덕릉고개를 사이에 두고 형제의 형세를 취하고 있다. 동쪽으로는 축령산, 천마산, 예봉산, 운길산, 검단산이 차례로 보인다.

한양을 등진 산

 한양 인근에 있는 산이지만 풍수지리적으로 볼 때 다른 산들과 달리 한양을 등지고 앉아 있는 형국이다. 생육신의 한사람인 매월당 김시습(梅月堂 金時習)이 수락산에 은거한 기록이 보인다. 그러한 연유로 김시습도 세조의 왕위 찬탈에 등을 돌리고 이곳 수락산에 은거(隱居)했던 것일까.
 수도권 주변의 산들이 그러하듯 수락산 또한 화강암이 주를 이루고 있어서 비가 오면 곧장 흘러내려 물이 부족한 산이다. 산세가 웅장하고, 산 전체가 암반으로 되어 있어 도처에 기암괴석이 많다. 이러한 암반으로 인하여 여러 개의 폭포가 생겼다. 평상시에는 물이 흐르지 않지만, 비만 오면 폭포의 멋진 모습을 볼 수 있는 곳이 수락산이다.
 내원암을 가려면 먼저 마주치는 것이 마당바위다. 이 바위 위에는 북두칠성 모양의 흔적이 보인다. 이것은 풍수학적으로 내원암 북쪽에 있는 칠성대와 관련이 있을 것으로 추정하고 있다. 지금은 많이 마모되어 북두칠성의 흔적을 뚜렷하게 찾을 수 없어서 아쉽다.

시민 품으로 돌아온 옥류폭포

 수락산 계곡을 오르면 세 개의 폭포를 만날 수 있다. 가장 하단에 옥류폭포(玉流瀑布)가 있다. 이 폭포는 그동안 음식점의 개인 풀장으로 무단 점유되어 본래의 모습을 보기 어려웠으나 몇 년 전 집중 호우로 계곡에 인공적으로 설치되어 있던 모든 시설물들이 휩쓸려 내려가면서 지금은 폭포의 원래 모습을 볼 수 있어서 불행 중 다행이다.
 조금 더 오르면 은류폭포(銀流瀑布)가 나온다. 이곳은 정상적인 등산로에서 조금 벗어나 있다. 바로 옆에는 부처님의 깨달음을 터득하려 했던 것일까, 임시로 놓여 있는 불상도 보인다. 몇 년 전 폭우로 인한 것인지, 아니면 의도적으로 방치된 것인지 시설물이 많이 훼손되어 보는 이의 마음이 편치 않다.

마지막 폭포인 금류폭포(金流瀑布)는 내원암 바로 아래에 있다. 이백여 개가 넘는 돌계단을 힘들게 올라가야만 나타난다. 모든 일이 힘들이지 않고 그냥 쉽게 얻어지는 법이 없다는 것을 깨우쳐 주는 계단이다. 폭포 아래에는 '金流洞(금류동)', 폭포 위에는 '金流洞天(금류동천)'이라는 커다란 암각문이 새겨져 있다.

내원암 미륵불

내원암에는 고려 시대의 유물로 추정되는 높이 2m 정도의 석조미륵입상이 세워져 있다. 미륵입상은 한국전쟁 당시 폐허가 되었던 암자를 중창하는 과정에서 복원했다. 불상은 많은 세월을 땅 밑에서 지내다가 스님께서 이 미륵불을 발견하고, 지금의 자리에 세웠다고 전해진다.

내원암 영산전(靈山殿)에서 우측 계단으로 오르면 칠성대로 갈 수 있으나 일반인은 통행이 제한되어 있다. 그래서 내원암을 조금 내려와서 간이음식점이 있는 길에서 칠성대로 올라가야 한다.

이곳으로 오르는 길은 잘 다듬어진 돌계단이 설치되어 있다. 돌계단이 설치된 것으로 볼 때 그 위에 암자가 있었을 것으로 추정된다. 칠성대 바로 전에 마애부도가 있는데 그 앞에도 암자가 있었을 것으로 보이는 터가 있다. 부도는 언제 설치되었는지, 누구의 부도인지 아무런 안내판이 없는 것이 못내 아쉽다.

칠성대 밑에는 불상을 설치했던 것으로 보이는 좌대(座臺)가 있다. 그런데 누가, 언제, 왜, 철거했는지 알 수 없다. 주변에는 훼손된 돌조각과 콘크리트 흔적들이 널려 있다. 좌대 자리는 돌로 메워져 있고, 풀만 무성하게 자라고 있다. 이곳이 아마도 내원암 영산전 옆에 있는 석조미륵입상이 있던 자리가 아닌가 하는 생각을 조심스럽게 해 본다.

『내원암 칠성각 신건기』에 따르면 '산복(山腹)에 기이한 바위가 향로가 되고, 하늘을 받드는 기이한 봉우리가 칠성이 되어 신령들이 많이 모이고, 사람들이 기도를 통해 영험을 얻었다고 전해지고 있다.'라고 하였다. 이러한 기록으로 유추해 볼 때 그러한 것이 아닌가 하는 생각을 하게 된다.

마애사리공

칠성대를 가기 전에 좌측으로 올라가면 과거에 암자가 있었을 것으로 추정되는 조그마한 평지 두 군데가 보인다. 지금 그 자리는 내원암에서 채소를 재배하고 있다. 여기서 칠성대를 바라보면 『내원암 칠성각 신건기』에서 기록한 기이한 바위라는 것을 금방 알 수 있다.

그곳에서 조금 떨어진 곳에는 마애사리공이 있다. 수직으로 된 바위에 작은 구멍을 파서 사리를 모셨을 것으로 추정된다. 구멍을 중심으로 바위에 위패(位牌) 모양의 문양이 남아 있다. 그리고 거기에는 희미하게 '復女丁氏○處答之塔(복녀정씨○처답지탑)'라는 글자가 새겨져 있다.

내원암은 정조의 내탕금(內帑金)으로 지어졌다. 내탕금을 집행하기 위하여 궁궐에서 궁녀를 파견하였을 것이다. 이 사리공은 아마도 그 궁녀가 사망하고 난 후에 유골을 안치한 것이 아닌가 하는 이야기들이 있다.

내원암은 순조의 탄생과 관련된 일화가 전해진다. 후사가 없던 정조는 내원암 뒤 칠성단이 영험하다고 하여 내원암의 농산 스님에게 부탁하여 그 원력(願力)으로 태자(순조)가 탄생하였다고 한다. 이 일로 정조는 내원암에 내탕금을 하사하게 된다.

마애사리공에서 다시 되돌아 나와 칠성단을 지나 올라가면 수락산 정상이 나온다. 수락산 정상으로 올라가면서 마당바위의 북두칠성, 내원암, 석조미륵입상, 마애사리공, 칠성대는 서로 어떤 연관이 있는지 아직도 풀지 못한 수수께끼로 남아 있다.

문화재라는 것은 역사적인 지식이 없으면 그 내면(內面)을 자세히 알 수 없는 분야다. 그 내면을 자세히 알기 위해서는 열심히 공부해야 한다. 세상의 모든 일이 그러하듯 노력 없이 저절로 그냥 얻어지는 것은 세상에 아무것도 없다.

마애사리공 옆에 있는 조그마한 채소밭에서 바라보이는 칠성대의 모습. 바위 색이 흰 눈을 뒤집어쓴 것처럼 보인다.

2.
관악산 연주대

태자의 자리를 내려놓고 한양을 바라보던 곳

수도권 주변에는 유명한 산들이 많다. 서울을 중심으로 북한산, 도봉산, 수락산, 청계산, 관악산을 비롯한 산들이 수도 서울을 호위하고 있는 듯한 모습이다. 그래서 한양이 조선 시대에 수도로 선택되었을 것이다. 지금도 휴일이면 많은 사람이 찾고 있는 관악산은 인기 있는 산 중의 하나다. 지금은 이렇게 인기 있는 산이지만 옛날에는 아픈 과거를 안고 있는 산이기도 하였다.

조선 초기 관악산 연주대(戀主臺)에 두 남자가 올랐다. 그들은 조선 태종의 첫째 아들인 양녕대군과 둘째 아들인 효령대군이었다. 양녕대군은 자신의 잘못된 행동으로 후계자 자리가 바뀌자 이곳 관악산에서 한양을 바라보면서 사라진 왕의 자리를 머리에 그리면서 회한(悔恨)에 잠겼을 것이다.

어렵게 조선을 건국한 할아버지 이성계의 의지와는 달리 삼촌들 간의 피비린내 나는 왕권 다툼을 보고 자란 양녕대군은 왕의 자리를 일찌감치 멀리했을 수도 있다. 하지만 천자(天子)의 자리라는 것이 어찌 본인의 의지로 될 수 있는 일인가.

계곡 숲길

한양의 주작(朱雀)인 관악산은 서울의 남쪽에 있는 산으로 서울과 과천, 안양의 경계를 이루는 산이다. 그래서 역사적으로 많은 이야기를 간직하고 있다. 관악산으로 오르는 길은 여러 곳이 있다. 그중에서 연주암(戀主庵)으로 가려면 과천향교에서 오르는 길이 편리하다. 과천향교만 지나면 막바로 계곡으로 들어간다. 조금 전까지 도로의 자동차 소리에 찌든 귀를 계곡물 소리가 모두 씻어 주는 듯 청아(淸雅)하다. 계곡 길은 나무가 햇빛을 가려 주니 큰 어려움 없이 걸을 수 있는 좋은 등산 길이다.

며칠 전에 비가 내려 계곡에 물이 많아지니 주변의 새들도 제 세상을 만난 듯 흥겨운 노래를 부르고 있다. 모처럼 들어 보는 새들의 지저귐으로 딴 세상에 온 기분이다. 관악산은 온통 화강암 덩어리로 되어 있다. 흙을 밟아 보고 싶어도 흙이 별로 없다. 오르는 내내 돌만 밟고 걷는다. 그래도 바위틈에서 자라고 있는 나무들은 스스로 떨군 낙엽이 퇴비가 되어 그 영양분으로 제 한 몸 튼실하게 키워 내고 있으니 자연이란 참 위대하다.

연주암으로 가는 길

관악산을 오르는 등산인 대부분은 사당 쪽이나 서울대학 쪽에서 많이 오르고 있다. 과천향교 등산길은 간간이 연주암에 다녀오시는 듯한 나이 지긋하신 불자들이 눈에 많이 띈다. 얼굴이 편안한 모습이다. 산길을 내려오면서 새소리도 듣고 초록의 나뭇잎도 보았으니 마음이 편안할 것이다. 또한, 이루고자 하는 바람을 기원하고 마음에 쌓였던 모든 근심을 부처님 앞에 내려놓았으니 발걸음도 한결 가벼울 것이다.

관악산을 오르는 등산길에는 간간이 걸어 놓은 연등이 부처님의 나라로 가는 길을 안내하고 있는 듯하다. 빨간색, 노란색, 파란색 연등이 초록색 나뭇잎과 대비되어 한눈에 들어온다. 이 등산길 중간쯤에는 오래전부터 관악산을 오르는 사람들에게 갈증을 해결해 주고 있는 좋은 샘터가 있다. 언제부터인가 샘터 주변이 깨끗하게 잘 정리되어 있다. 이곳을 지나는 사람들은 바위틈에서 솟아나는 샘물 한 모금을 마시면서 모든 상념을 떨쳐 버린다.

연주암 바로 전에는 백여 개가 넘는 계단이 놓여 있다. 돌길을 걸어 올라오면서 많은 땀도 쏟았고, 마음의 짐도 내려놓았다. 하지만 더 내려놓지 못한 티끌이라도 있으면 이 계단을 오르면서 내려놓고 가라 한다. 뻑뻑해진 다리를 겨우 다잡고 계단을 모두 올라가면 오른쪽에 해우소가 보인다. 마음속의 찌꺼기뿐만 아니라 육체적인 찌꺼기가 남아 있다면 여기서 모두 비워 버리고 편안한 마음으로 부처님을 친견하라는 의미일 것이다.

몸과 마음을 가벼이 하고 부처님 앞에 앉으면 저 멀리 새로운 세상이 보이는 것이다. 올라오면서 모든 것을 가벼이 하였으니 그럴 것이다. 고려 말 '화옹선사'는 '탐욕도 벗어 놓고 성냄도 벗어 놓고 물같이 바람같이 살다가 가라 하네.'라는 유명한 시조를 남겼다. 부처님 앞에 앉으니, 탐욕도 성냄도 날려 보낼 수 있고, 가족의 건강과 자식들의 성공도 이루어지리라 믿게 된다.

관악산 정상, 연주대

연주암에서 다시 관악산의 정상인 연주대로 오른다. 보기에는 지척의 거리 같지만 걸어 보면 10분 이상 걸린다. 가는 중간에 멋진 전망대가 있으니 이것을 모두 보고 걸으면 30분도 모자랄 지경이다. 오른쪽으로 시선을 돌리면 경마장, 서울대공원, 그리고 청계산 망경대가 한눈에 보인다. 거기에 더하여 닭 볏같이 생긴 바위틈에 들어선 연주대는 신선이 사는 세상인 듯 한동안 넋을 놓고 바라보게 된다.

연주대의 원래 이름은 의상대라고 하였다. 신라 문무왕(677년) 때 의상대사가 관악사(冠岳寺)와 함께 세운 작은 암자였다. 그 이후 관악사가 폐사되면서 의상대가 되고, 의상대는 연주대라는 이름으로 바뀌게 된다. 연주대에서 바라보면 옛 관악사를 복원하고 있는 모습을 볼 수 있다.

관악산 정상에 섰다. 한강 너머로 남산이 보이고 그 너머로 경복궁이 자리 잡고 있다. 옛날 양녕대군이 이 힘든 관악산 정상까지 올라와서 한양을 바라본 심정이 어떠했을까. 삼촌들처럼 왕의 자리를 차지하기 위해 벌였던 피비린내 나는 싸움을 다시는 기억하지 않으리라 다짐했을 것이다. 그러한 양녕대군의 바람도 조카인 세조가 정권을 탈취하면서 또다시 한바탕 피바람을 몰고 왔다. 이 와중에서 말년의 양녕대군은 무슨 생각을 했을까.

정상 바로 옆에 있는 연주대로 간다. 구불구불한 바위 사이로 가야 한다. 처음 이곳을 찾는 사람은 안내판이 없으면 이곳이 연주대라는 것을 알 수가 없을 정도로 암자가 숨은 듯이 자리하고 있다. 이런 곳에 어떻게 저런 암자를 지었을까. 신라 시대에 쌓았을 것으로 추정되는 석축은 천 년이 넘은 지금까지도 허물어짐이 없이 그대로 그 모습을 유지하고 있다. 바위 틈새의 작은 공간 사이를 비집고 만든 암자에서 불자들은 마음속의 바람을 부처님 앞에서 축원하고 있다.

연주대는 닭 볏같이 생긴 아슬아슬한 바위틈에 석축을 쌓고 세워져 있다. 뒤에서 보면 건물 지붕이 전혀 보이지 않을 정도로 바위가 포근하게 감싸고 있다. 세상이 고달프고 더 이상 살아가야 할 희망이 없다고 생각하면 이런 천 리 낭떠러지 같은 벼랑에서 눈을 감고 마지막을 선택하는 경우도 있다. 이처럼 절박한 심정으로 이곳에서 간절히 기도하면 부처님은 그들의 기도를 들어주신다고 한다. 그래서 3㎞가 넘는 산길도 마다하고 간절히 바라는 것이 있는 사람들은 힘든 걸음으로 이곳을 찾는다.

정상의 물웅덩이

관악산(冠岳山)은 갓을 쓴 산이라는 의미다. 또한, 그 모양이 불꽃 모양으로 보여서 화산(火山)이라 하였다. 이런 화기(火氣)를 누르기 위하여 광화문에 해태상을 세운 유래는 잘 알려진 이야기다. 이곳 관악산 정상에도 화기를 누르기 위하여 작은 연못(물웅덩이)이 설치된 것을 볼 수 있다. 이곳에는 항상 물이 고여 있다. 월출산 구정봉이 그렇고, 속리산 문장대도 그렇다. 모두 정상에 물이 고여 있다. 부산에 있는 금정산(金井山)도 금샘이 있다. 그 금샘에도 물이 고여 있다. 물과 불은 상극이지만 어떤 경우에는 상호 보완재 역할도 하고 있다.

세상에는 영원한 적도 동지도 없다고 한다. 충돌하고 분열하면서 반응하는 힘을 이용한 것이 원자력이다. 이렇게 서로 다른 것이 협력하면 엄청난 에너지를 분출한다. 정상에 앉아 서울 시내를 바라보면서 보수와 진보로 양분된 에너지를 융합할 수 있는 지도자가 나타난다면 세상에 부러울 것이 없는 나라로 발전할 수 있을 것이라는 생각을 해 본다.

하산은 사당 방향으로 한다. 관악능선으로 제법 많은 사람이 산을 오르고 있다. 전과 달라진 풍경은 코로나 영향으로 갈 곳이 없어지면서 산을 찾는 사람들이 늘어나고 있다는 점이다. 특히, 젊은 여성 등산인들의 복장이 일반 등산복이 아닌 레깅스 차림으로 많이 바뀌어 활기차게 보인다. 갈 곳을 잃은 사람들이 사회적 거리를 두기에 가장 적합한 운동이 등산이라는 사실을 깨닫게 된 것이다. 거기에서 건강도 함께 얻을 수 있다는 사실을 알게 되었다.

관악산에는 기기묘묘한 바위들이 많기로 소문이 나 있다. 이곳 관악능선에도 이런 바위들이 많다. 마당바위, 햄버거 바위, 하마 바위 등을 감상하면서 내려오다 보면 힘들었다는 느낌이 없이 자연스럽게 산행 종점인 사당역 인근 관음사에 다다르게 된다.

닭 벼슬처럼 생긴 바위 틈새로 돌을 쌓아 그 위에 연주대를 지었다. 눈 내린 날 아침 일찍 올라서 촬영한 사진이다.

3.
소요산 자재암

공심(空心)으로 돌아가는 시간

　이제 한 해가 저물어 간다. 지난해를 마무리하고 새해를 준비하는 이 시기에는 많은 생각을 하게 된다. 사막의 포터인 낙타는 하루 일이 끝나면 무릎을 꿇고 석양을 바라보면서 오늘 지나온 길들을 뒤돌아본다. 그리고 내일의 태양이 뜨면 다시 무릎을 꿇고 오늘 가야 할 길을 바라본다고 한다. 낙타와 같은 동물도 하루의 마감과 시작을 경건하게 준비하는데 나그네는 그에 비하면 수천 번은 더 생각하고 반성하고 미래를 설계해야 함에도 그것이 쉽지 않다.
　우리의 생활이 농경사회에서 산업사회로 변화하면서 자연과 함께하는 시간이 차츰 줄어들고 있다. 사계절이 어떻게 오고 가는지 실감하지 못하고 살아왔다. 그러면서 시간이 돈이라는 물질 만능의 세상으로 바뀌게 되었다. 자연과 함께 하는 삶이 아니고, 돈과 함께하는 삶으로 변했다. 삶이 그러하니 예로부터 내려오는 우리의 두레 문화가 서서히 사라지고 있다. 이제는 동방예의지국이 아니고, 각자도생하는 세상으로 변했다.
　이러한 세상에서 궤도를 이탈하지 않고 살아가려면 젊은 시절부터 앞만 보고 달리면서 바쁘게 살 수밖에 없는 것이 우리의 현실이다. 그러니 무엇을 반성하고 미래를 설계할 것인지에 대한 성찰(省察)이 부족할 수밖에 없다. 그렇게 바쁘게 살다가 오십 대가 지나면 서서히 인생 속도를 조절하면서 앞에는 누가 걷고, 뒤에는 누가 따라오는지, 그리고 이웃에는 누가 살고 있는지 살펴보게 된다.

그것은 여유가 있든, 그렇지 않든, 어떻든 속도 조절은 자연스럽게 일어나는 현상이다. 그러면서 알게 모르게 자신의 이기심 때문에 누군가에게 마음의 상처를 준 적은 없는지 돌아보면서 지나온 날들을 생각하게 된다. 하지만 북적거리는 인파 속에서는 자신을 돌아볼 여유가 좀처럼 생기지 않는다. 그래서 사람들은 연말이 되면 새해 첫 태양이 뜨는 바닷가에서 또는 산 위에서 버릴 것은 버리고 깨끗한 마음으로 새해를 맞이하려고 한다.

마음을 비우는 시간

며칠 전부터 매서운 한파가 몰아치고 있다. 갑자기 추워진 날씨로 사람들의 마음은 더욱 움츠러들고 있다. 요즘처럼 춥고 스산해야 세상사의 모든 생명들은 공심(空心)이 생기는가 보다. 새해가 시작되려면 아직 며칠 남았다. 연말연시의 번잡한 교통 혼잡에 시달리기보다는 조금 일찍 마음을 비울 수 있는 곳이 있다고 하여 나그네는 길을 떠났다. 멀리 가지는 못했다. 전철을 타고 달리면 닿을 수 있는 곳에 암자가 있다.

원효 대사의 서기(瑞氣)가 어린 소요산 의상대(逍遙山 義湘臺)에서 잠시 욕심의 끈을 내려놓고 먼 산을 바라보며 지나간 한 해를 되돌아본다. 크지도 않고 작지도 않은 허물들이 하나둘씩 머리에서 떠오르고 사라진다. 언제일지는 모르지만 오욕(汚辱)으로 뒤덮인 허물을 하나씩 벗어 버리려면 아직도 많은 시간이 필요할 것이다.

소요산은 단풍이 물든 가을에 오면 가장 아름다운 모습을 볼 수 있다. 입구에서 긴 단풍 터널을 걸어가면 신선의 세계에 온 듯하다. 그렇게 넋을 놓고 걷다 보면 자재암(自在庵)에 도착한다. 자재암은 신라 무열왕 1년(654년)에 원효 대사가 창건했다고 전해진다. 창건 이후 6.25 전쟁 때까지 몇 번의 화재와 중창을 거듭한 끝에 대웅전, 요사채, 삼성각, 그리고 일주문을 완성했다고 하니 지금의 건물은 당시의 건물과는 사뭇 거리가 있을 것이다.

고귀한 사랑 이야기

자재암은 원효 대사와 요석공주에 얽힌 설화로 잘 알려져 있다. 자재암 초입부터 안내판에는 두 사람의 이야기로 시작된다. 원효(元曉)대사와 요석(搖石)공주가 세속의 인연을 맺고 이곳 초막에서 수행 중에 있었다. 그때 관세음보살이 아름다운 여인으로 변신하여 원효를 유혹하였으나 원효는 설법으로 여인의 유혹을 물리치고 수행에 정진했다. 그 일이 있고 난 뒤 관세음보살을 친견(親見)하였고, 자재무애(自在無碍)의 수행을 쌓았다고 하여 후일에 자재암으로 부르게 되었다고 한다. 암자 이름 하나에도 얽힌 사연이 있으니 그냥 쉽게 흘려들어서는 아니 될 것이라는 생각이 든다.

암자 주변에는 옛 절터의 모습과 원효 대사와 요석공주의 전설이 깃든 흔적들이 남아 있다. 요석공주 궁지, 사자암지, 소요사지, 원효사지, 조선 태조 행궁지 등이 있었다고 하지만 일부는 위치를 알 수 없는 곳도 있다. 소요산을 오르다 보면 과거의 영화를 보는 듯한 흔적들이 눈에 많이 띈다. 길섶 흙 속에 숨겨져 조금씩 보이는 기와 조각이 그때의 영화를 말해 주는 듯하다. 또한, 곳곳에 건물이 있었던 것으로 추정되는 돌담들이 지금도 희미한 흔적으로 남아 있어 바람에 날리는 낙엽과 함께 지나간 과거를 회상하게 한다.

그 흔적들은 기나긴 세월 동안 파편으로 남아서 그때를 각인시켜 주고 있다. 파편 하나하나에 얼마나 많은 질곡의 역사가 깃들어 있는지 나그네는 알지 못한다. 아니, 굳이 알려고 노력하지 않았다. 그것이 얼마나 무지한 것인지 세월이 흐른 지금에야 조금씩 깨닫는다. 역사를 잊은 민족은 미래가 없다고 했다. 작은 사금파리 하나라도 소중히 여길 줄 안다면 그 시대보다 더 훌륭한 문화유산을 만들어 갈 수 있지 않을까. 인생은 늘 시간이 지나야 깨닫게 된다. 그러나 그것은 예행연습이 없기에 되돌아갈 수가 없다.

소요산은 전철로 두 시간이면 충분하게 도달할 수 있는 곳이다. 소요산 능선에는 백운대, 나한대, 의상대, 공주봉 등이 당시의 영화를 설명하는 듯 줄줄이 서 있다. 오랜 세월이 흘러가면서 그때의 영화는 알 수 없지만 지금도 공주의 애틋한 사랑의 이야기는 사람들의 입에서 입으로 전해지고 있다.

역사는 반복된다고 한다. 후세 사람들의 손가락질을 받지 않고 기억 속에 오래 남아 있으려면 올바른 지혜와 행동으로 실천할 수 있어야 한다. 새로운 한 해가 시작되고 있다. 지혜롭고자 하는 행동과 마음이 얼마나 오래 지속될 수 있을까.

자재암 지붕과 주변에 걸려 있는 연등 위로 하얀 눈이 소복이 쌓여 있다.

4.
오세암과 봉정암

예나 지금이나 어머니의 마음은 변함이 없다

불교는 삼국 시대에 전래된 이래 우리 민족의 전통적인 종교로 자리 잡았다. 불교가 우리 역사상 가장 활발하게 활동하던 시기도 역시 삼국 시대로 보인다. 이 시기에는 역대 임금들이 불교를 장려함으로써 찬란한 문화가 꽃피우던 시기였다.

지금까지 현존하는 문화유적 중에는 그 시대에 만들어졌던 유물들이 많다. 우리 조상들의 내면에 면면히 흘러온 토속 신앙과 불교가 융합하면서 아직도 많은 국민이 불교를 믿고 있다. 그러한 믿음 밑바닥에는 자식의 건강과 행복을 바라는 모정(母情)이 함께하고 있기 때문이다.

요즘처럼 날씨가 쾌청한 봄이나 가을철에는 산사(山寺)로 찾아가는 불교 신자들이 많다. 불교에서 가장 큰 명절인 부처님 오신 날을 즈음하여 신자들은 유명한 사찰을 찾아간다. 근래 대부분의 사찰은 자동차로 접근이 가능한 곳에 자리 잡고 있지만, 그렇지 않은 곳도 많다. 특히 오래된 고찰일수록 교통 접근이 쉽지 않다. 설악산에 있는 오세암과 봉정암이 그런 곳이다.

먼 산길이 대수일까

산길을 걸어서 짧게는 3시간, 많게는 5시간이 걸린다. 산길을 걷는 것은 쉬운 일이 아니다. 그것도 육십 세가 넘은 부녀자들이라면 더더욱 그럴 것이다. 그렇게 힘든 길이지만 그것을 마다하지 않고, 그곳을 찾는 불자들에게 종교라는 것이 무엇인지 설명하지 않아도 가슴으로 느낄 수 있다. 우리의 어머니들은 사람의 힘으로 이루기 어려운 것을 부처님에게 의탁했다.

오세암(五歲庵)은 오래전 설악산의 조그마한 암자에서 엄동설한을 불심으로 이겨 낸 오세동자의 때 묻지 않은 이야기가 전해지는 곳이다. 봉정암보다 일 년 먼저인 신라 선덕여왕 12년(643)에 창건되었으며, 당시에는 관음암(觀音庵)으로 불렀다고 한다. 관음암은 백담사의 부속 암자로 1643년 설정스님이 중건한 이후부터 오세암으로 고쳐 부르고 있다. 설정스님은 고아가 된 조카를 이 암자에 데려와 보살피고 있었다. 스님은 겨울을 준비하기 위하여 양양 물치장으로 장을 보러 갔다가 신흥사에서 하룻밤을 묵게 된다.

관세음보살

다음 날 아침 일어나 보니 눈이 너무 많이 내려 관음암으로 돌아갈 수 없었다. 그렇게 몇 달 신흥사에 묵다가 눈이 녹은 다음 암자로 돌아오니 죽은 줄 알았던 조카의 음성이 법당 안에서 들려오고 있었다. 깜짝 놀라 그 연유를 물으니 법당 안의 관세음보살에게 '관세음보살'이라고 기도하니 밥도 주고 재워 주어서 무섭지 않았다고 했다. 오세 동자는 관세음보살의 보살핌을 받아 추운 겨울에도 굶어 죽지 않았다는 전설이 전해지고 있는 곳이 오세암이다. 오세 동자에게 관세음보살은 어머니였다.

　오세암으로 가는 방법 중에 편리한 길은 백담사에서 산길로 약 시오리(十五里) 길을 걸어가면 된다. 영시암(3.5㎞)까지는 평이한 길이지만 영시암부터는 오르막 산길이다. 부처님을 뵈러 가는 길에 쉬운 길은 없을 것이다. 어려운 만큼 마음으로 얻는 것이 많을 것이다. 보통 네다섯 시간 정도면 닿을 수 있지만 실제로 걸어 보면 생각보다 힘든 길이다.

　오세암은 기도하러 오는 신자들에게 먹고 잘 수 있는 자리를 제공해 주고 있다. 오세암은 자동차가 다닐 수 없는 곳에 있다. 각종 물품은 자동차 대신 헬리콥터가 운반해 주고 있다. 가급적 자신이 먹을 식량(쌀 또는 마른미역)은 배낭에 넣고 가는 예의가 필요하다. 과거의 스님들 또한 먼 길을 떠날 때 자신이 먹을 것은 가지고 다녔다. 지금은 그렇지 않지만, 그 당시의 사찰은 먹을 것이 흔치 않던 시절이라 그런 것은 당연했을 것이다.

천천히 걷는 길

　불심이 깊은 신자들은 오세암을 들렀다가 봉정암으로 가기도 한다. 오세암에서 봉정암으로 가려면 십 리나 되는 산길을 가야 하는데, 그 길 또한 만만한 길이 아니다. 그렇다고 아주 힘든 길도 아니다. 땀 흘리며 청정한 숲길을 걷게 되므로 봉정암에 도착하기 전에 마음의 짐은 홀가분하게 벗어 버릴 수 있다. 그러니 이 길이 힘들다고 해도 수행을 한다는 마음으로 걷는다면 수월하게 걸을 수 있는 길이다.

이러한 고행을 이겨 내려면 크고 작은 고개 네 개는 넘어야 한다. 가장 힘든 고개는 가야동 계곡을 건너서 약 시오리(十五里) 길을 올라가야 하는 길이다. 전체적인 소요 시간은 약 3시간 정도 걸린다. 따라서 봉정암으로 가려면 오세암에서 하룻밤 묵어가는 것이 가장 좋다.

오세암 바로 옆에는 만경대가 있다. 쉬엄쉬엄 걸어도 20분이면 충분히 올라갈 수 있는 곳이다. 설악산에는 세 곳의 만경대가 있는데, 이곳 만경대에서 바라보면 오세암이 좌측 아래에 보이고, 가야동 계곡의 천왕문도 발밑에 보인다.

눈을 들면 용아장성의 암봉들이 눈 안에 가득 들어오고, 중청부터 귀때기청봉까지 서북능선 전체가 조망되는 아무 멋진 곳이다. 이곳 만경대는 봉정암의 부처 바위와 마주 보고 있다고 하는데, 나그네의 눈에는 그것이 눈에 보이지 않는다. 그런 경지가 되려면 아직도 많은 시간과 노력이 필요할 것이다.

사찰을 다니다 보면 산문(山門)으로 들어가는 예절도 배우게 된다. 산문(일주문, 금강문, 천황문, 해탈문)으로 들어갈 때는 반배를 하고, 탑 앞에서는 반배로 세 번 절하고, 법당은 좌우에 있는 문으로 들어가서 합장하여 반배하고, 부처님을 향하여 삼배하는 것이 기본예절이다.

적멸보궁

봉정암(鳳頂庵)은 우리나라에서 불교 성지로 많이 알려진 곳으로 설악산 소청봉 아래, 해발 1,244m의 위치에 자리 잡고 있다. 신라 시대 자장율사가 중국에서 부처님의 사리를 모셔 와서 모신 곳 중의 한 곳으로 알려져 있다. 이렇게 사리를 모신 곳을 적멸보궁(寂滅寶宮)이라고 하는데 전국에는 오대 적멸보궁(양산 통도사. 오대산 월정사, 설악산 봉정암, 함백산 정암사, 사자산 법흥사)이 있다.

봉정암은 매년 봄철과 가을철에 전국의 불교 신자들이 순례를 오는 곳으로 유명한 암자다. 순례자 대부분은 부녀자들로 백담사에서 봉정암까지 10여 ㎞가 되고, 소요 시간도 4~5시간이 걸린다. 이렇게 먼 거리임에도 불구하고 나이 드신 불자들이 걸어서 오는 것을 보면 신앙심이라는 것은 그 무엇으로도 바꿀 수 없는 고귀한 철학이라는 것을 알게 된다. 이곳에도 신자들을 위하여 잠잘 곳을 제공해 주고 있다.

봉정암(鳳頂庵)이라는 이름은 자장율사가 부처님의 사리를 봉안할 자리를 찾던 중 봉황이 부처님의 이마로 사라졌다고 하여 봉정암으로 불리고 있다. 사리는 부처님의 형상을 한 바위(佛頭岩, 부처바위)에 봉안했다고 하는 의견도 있으나, 봉정암의 공식적인 의견은 오층 사리탑에 봉안되어 있다고 한다.

이곳은 설악산의 정기가 함축된 곳으로 알려져 있으며, 부처 바위를 중심으로 아홉 개의 봉우리(가섭봉, 아단봉, 기린봉, 할미봉, 독성봉, 나한봉, 산신봉 등)가 부처 바위를 둘러싸고 있다고 하는데, 정확하게 어떤 바위가 여기에 해당하는지 확인하지 못하고 내려왔다. 정성이 부족한 것인지 뭐가 그리 바쁜지 매번 그냥 지나치게 된다.

죽기 살기로 기도하다

설악산은 바위산이다. 봉정암은 설악산의 정기가 모여 있는 곳으로 그만큼 강한 에너지가 흐르는 것으로 알려져 있다. 시간의 여유가 되는 불자라면 며칠 머무르면서 부처님에게 간곡하게 자신의 바람을 축원한다면 아마도 효과가 있을 것이라 이야기하고 있다. 잠을 잘 때도 머리는 바위 쪽을 향해 자라고 한다. 기운은 머리로 들어와서 발 쪽으로 나가기 때문이다.『조용헌의 휴휴명당』의 저자 조용헌 작가는 세상살이가 힘들다면 이곳 봉정암에서 사흘 밤낮 죽기 살기로 기도하라고 했다. 그러면 그들의 기도가 이루어질 것이라고 하였다.

오세암과 봉정암은 모두 쉽게 갈 수 있는 암자가 아니지만, 자신보다 자식과 가족을 위하여 힘든 산길을 마다하지 않고 가고 있다. 그것도 남자들보다는 나이 드신 부녀자들이 훨씬 많다. 불교 신자든 그렇지 않든 세상의 모든 어머니는 자식을 보호하려는 모성애는 그 무엇과도 바꿀 수 없는 본능이다.

요즘 언론 보도를 보면 일부이긴 하지만 자식은 부모를 버려도 부모는 자식을 버리지 않는다. 5월은 어버이 달이다. 이날을 맞아 천륜(天倫)이 맺어 준 부모와 자식 간의 관계를 다시 한번 일깨워 주고 있다. 그중에서도 자식에 대한 모정은 이 세상에서 그 무엇과도 바꿀 수 없는 가장 고귀한 것이다.

지금도 우리들의 어머니는 설악산의 험난한 산길을 걸어 부처님을 뵈러 가신다. 그 길에서 자신보다 자식들의 부귀영화를 기원하실 것이다. 옛말에 풍수지탄(風樹之嘆)이라 했다. 살아생전에 효도하지 못함을 후회하지 말고 지금이라도 자주 찾아뵙고 자식 된 도리를 다함을 기쁨으로 알아야 할 것이다. 그럼에도 나그네 또한 그런 도리를 다하지 못했음을 한탄하며 회한(悔恨)의 길을 걷고 있으니 평생을 후회하면서 살아가는 것이 나그네의 인생이 아닌가 생각한다.

봉정암 위로 솟아 있는 아홉 개의 봉우리 중 하나. 이것이 불두암인지 확인하지 못했다.

5.
송광사 불일암

법정 스님의 향기가 스며 있는 곳

가을날의 낮은 짧다. 선암사를 둘러보고 굴목재를 넘어 송광사로 왔는데 오후가 되었다. 송광사 침계루 앞의 개울물에 비친 단풍 반영이 너무 아름답다. 세속과 불계 사이를 연결한다는 아치형의 삼청교, 그 위에 지어진 우화각이 있고, 그 옆에는 시원한 계곡물에 두 발을 담그고 있는 모양의 임경당이 한 폭의 그림이다. 계곡과 하늘에 핏빛 단풍이 가는 가을을 아쉬워하는 듯 바람에 흔들리고 있다. 계곡물과 어우러지는 이 모습 때문에 사람들은 잊지 않고 매년 이곳을 찾아온다.

우화각 난간에서 계곡물에 비친 자신의 반영을 바라보고 있자니 이곳이 바로 선계(仙界)가 아닌가 하는 착각에 빠져든다. 송광사는 일반 사찰에서 들리는 풍경 소리가 들리지 않는다. 그 소리마저 스님들의 수행에 방해가 된다고 달지 않았다 하니 이곳을 찾는 속세의 사람들은 부디 발소리도 내지 말고 눈으로만 단풍을 보았으면 한다.

난초와 무소유

송광사에 불일암(佛日庵)이 있다. 이 암자는 고려 시대 자정 국사가 창건했다고 하여 자정암(慈靜庵)이라 불렸다. 그 후 중건을 거듭하다가 6.25 전쟁으로 폐허가 되었다. 그러다 1975년 법정(法頂) 스님이 중건하고 불일암이라는 편액(扁額)을 걸면서 지금까지 그렇게 부르고 있다.

  스님은 이곳에서 많은 글을 썼다. 글은 불교계뿐만 아니라 일반 대중에게도 널리 알려지면서 유명한 암자로 떠올랐다. 많은 사람들이 법정 스님을 만나기 위해 이곳을 찾다 보니 스님은 한동안 강원도로 거처를 옮기는 일도 있었다.

  법정 스님은 무소유(無所有) 철학을 철저히 지키신 분으로 유명하다. 스님은 난초(蘭草)를 키우면서 무소유의 진정한 의미를 터득했다. 누구나 소유하려고 하면 그 욕망은 끊임이 없고, 가끔씩 그것 때문에 눈을 멀게 한다. 스님은 먼 길을 떠나셨지만 아직도 많은 사람들이 그곳을 찾아가고 있다. 그곳은 법정 스님이 무소유 철학을 정립하신 곳으로 자신의 눈으로 보고 가슴으로 깨우치기 위함일 것이다.

스님의 기도처

  오후의 시간이 짧으니 불일암으로 올라간다. 해탈교를 지나서 좌회전하면 작은 오솔길이 나온다. 불일암으로 가는 안내 표지판이 있다. 여기서부터 그 길을 '무소유길'이라 부르고 있다.

  시간이 여유 있다면 천천히 걸으면서 마음의 짐과 허물을 모두 내려놓고 걷고 싶은 길이다. 등에 짊어진 배낭도 이 길에서는 벗어 놓고 걷고 싶다. 나무 숲길 사이로 난 작은 오솔길로 들어서면 자신을 오롯이 가벼운 깃털의 마음으로 걷게 하고 싶다. 간간이 설치되어 있는 무소유의 글귀가 구구절절 가슴에 와닿는다.

시골 큰집을 가는 길처럼 참나무 길과 대나무 길을 걷고 작은 개울을 건너면 좌측에 불일암이라는 안내 표지판이 나온다. 참배 시간이 오전 9시부터 오후 4시까지라는 안내판이 보인다. 참배 시간이 지났다. 그래도 묵언으로 발소리까지 줄이면서 대나무 숲길로 들어선다.

숲길이 끝나면 사진에서 많이 보았던 작은 암자가 눈에 들어온다. 암자에 딸린 텃밭도 보인다. 겨울 준비를 하는지 배추도 보이고 장작도 보인다. 스님 한 분이 부지런히 움직이고 있다. 방문 시간이 지났지만, 찾아오는 방문객을 마다하지 않는다. 스님은 그저 제 할 일만 부지런히 하고 있다.

스님의 삶

작은 계단을 올라 법정 스님이 계셨던 불일암에 참배한다. 암자 앞에 심어진 후박나무 아래에 유골을 묻었다고 하는 작은 안내 표지판이 있다. 여기에 묵념한다. 불일암 좌측에는 찾아오는 방문객들을 위하여 참나무로 만든 긴 의자도 보인다. 한동안 이곳에 앉아서 법정 스님이 살아생전에 보셨을 앞산을 바라보았다. 지나가는 나그네의 눈에 보이는 산과 스님의 눈에 보이는 모습은 사뭇 다를 것이다.

방문록에 '스님의 가르침대로 살아가도록 노력하겠다.'라고 한 줄 남긴다. 그 가르침대로 모두는 아닐지라도 지금 그렇게 마음먹지 않으면 언제 그런 다짐을 할 수 있을지 알 수가 없어서 스스로에게 약속했다. 비울수록 가벼워지는 것이 마음이라고 한다. 그렇게 살 것이라고 다짐한다. 실천은 그리 쉽지 않을 것이다. 수행자는 가난해야 한다고 했다. 몸에 지닌 것이 많을수록 수행의 길은 점점 멀어진다. 가진 것이 많으면 움켜쥐려는 마음이 생기고, 거느린 것이 많으면 수행의 본래 의미를 잃을 수가 있다고 했다. 나그네는 수행자가 아니지만 그 근처만이라도 다가갈 수 있다면 얼마나 좋을까.

해는 조금씩 서산으로 넘어간다. 나무숲에 둘러싸인 암자는 서서히 저녁을 맞이하고 있다. 불일암을 뒤로하고 다시 무소유의 길로 돌아 나온다. 갈 때의 마음과 올 때의 마음이 얼마나 달라졌을까. 내리막길이니까 발걸음이 가벼워진 것이 아닐까. 아니면 마음속의 묵은 때를 벗어던져서 가벼워진 것일까. 아직도 마음속은 뒤죽박죽이다. 이곳에 와서 '무소유'라는 단어를 떠올리면서 설사 그렇게 되지 않더라도 마음만이라도 가까이 다가갈 수 있기를 바랄 뿐이다.

불일암 사계(四季)

불일암에는 또 다른 이야기가 있다. '맑고 향기롭게'에서 엮은 『길이 아니면 가지 말라: 불일암 사계』라는 책에서 지리산 빨치산 문화지도원으로 활동했던 최순희(이태 著, 『남부군』에서 최문희로 등장)는 자주 이곳을 방문했다. 그녀는 불일암을 찾으면서 법정 스님의 수행에 방해가 되지 않게 허드렛일을 하면서 틈틈이 사진을 남겼다.

최순희는 법정 스님의 그림자를 바라보면서 과거 지리산에서 자신만이 살아남았다는 죄책감과 빨치산 시절의 동료들을 향한 그리움으로 가득했을 것이다. 그리고 북에 두고 온 아들이 먼저 세상을 떠났다는 사실과 자신 때문에 일어났던 전생의 업을 가벼이 하려고 얼마나 많은 기도를 하였을까. 또한, 그녀는 지리산에서 목숨을 함께했던 빨치산 동지들을 생각하면서 평생 속죄하는 마음으로 불일암에서 모든 것을 내려놓았을 것이다.

불일암은 작은 암자이지만 이곳을 방문하는 모든 사람들은 자신이 느끼는 감정은 모두가 다를 것이다. 그러나 법정 스님의 무소유라는 의미 하나만은 공통된 느낌으로 깨우치고 갈 것으로 생각하니 나그네의 마음도 한결 가벼워진다.

불일암 후면에서 전면을 바라본 모습. 불자 한 분이 후박나무 아래 법정 스님이 영면하신 자리를 향해 기도하고 있다.

6.
여수 향일암

마음이 호수처럼 잔잔해지는 곳

　용산역에서 출발한 열차는 밤새 달려서 새벽녘에 나그네를 여수엑스포역에 내려놓는다. 향일암(向日庵)으로 가려면 임포(향일암)로 가는 버스에 몸을 실어야 한다. 흔들리는 버스에서 눈을 감는다. 그렇게 한 시간여를 달리면 바깥이 서서히 밝아진다. 6시 조금 안 된 시간에 임포 주차장에 도착한다. 이처럼 여행은 피곤하면서도 즐거운 것이다. 거기에 더하여 일출이라도 멋지게 올라오면 모든 피곤은 봄눈 녹듯 사라진다.

　조용하게 암자를 들러 보려면 평일 이른 아침에 이곳을 찾는 것이 좋다. 모든 일은 일찍 시작하라는 것이 이러한 의미일 것이다. 이른 새벽이지만 사람들이 암자로 올라가고 있다. 입구 가게는 아직 문을 열지 않았다. 암자로 가려면 계단을 걸어서 올라야 한다. 첫 계단부터 경사도가 만만치 않다. 모든 것이 쉬운 것이 없다. 특히 향일암이 그런 곳이다. 한 계단 한 계단 오르다 보면 일주문에 닿는다. 오르는 계단 길에 입 막고(不言), 귀 막고(不聽), 눈 막고(不見) 살라는 동자승 모양의 귀여운 불상이 보인다.

몸을 낮추다

일주문인 등용문(登龍門)을 지나면 돌문(石門)인 해탈문(解脫門)이 보인다. 좁은 돌문을 지나려면 몸을 낮추고 머리를 숙여야 한다.

보통 사람들은 이 문을 지나면서 가슴속에 간직했던 가족의 건강과 자식의 성공을 부처님께 간구(懇求)할 것이다. 그 바람은 생각보다 소박하기에 더욱 간절할 수 있다. 돌계단을 오르는 순간부터 돌문을 지날 때까지 부처님께 이르는 길은 그만큼 겸손해야 한다는 의미일 것이다.

사찰은 대부분 산중(山中)에 있다. 그러나 양양 낙산사와 같이 일부 사찰은 바다 쪽을 바라보고 있는 곳이 있다. 향일암이 그런 암자다. 향일암은 망망대해를 바라보고 있다. 그렇지만 양양 낙산사에서 바라보는 바다와 이곳에서 보는 바다는 그 성격이 사뭇 다르다. 낙산사의 파도는 용틀임 치는 모습이라면 이곳 향일암은 영화의 한 장면이 정지되어 있는 느낌처럼 잔잔하다.

호수의 일출인가

향일암 뒤에 있는 전망대에 앉아서 밝아 오는 여명을 바라보고 있노라면 조용한 바다는 커다란 호수처럼 보인다. 마음을 비운다는 것이 그리 쉽지는 않다. 그러나 이렇게 높은 곳에서 잔잔한 바다를 내려다보고 있노라면 저절로 마음이 가벼워지면서 편안한 느낌이 든다. 견물생심(見物生心)이라고 눈에 보이는 것이 없으니 욕심이 없어지는 것이 아닌지 자신에게 물어본다. 거기에 더하여 떠오르는 태양을 바라보고 있노라면 원래 나그네의 마음이 저렇게 붉은 태양처럼 이글거리면서도 조용한 바다처럼 잔잔한 이중적인 성격을 가진 것이 아닌지 자문해 본다.
　향일암은 우리나라 사대 관음성지(觀音聖地) 중 하나다. 양양 낙산사 홍련암, 강화도 보문사, 남해 금산 보리암과 여수 돌산 향일암이 그것이다. 모두가 동해, 서해, 남해 바닷가에 자리 잡고 있다. 향일암이 있는 돌산도(突山島)는 원래 섬이었다. 암자(庵子)도 섬 끝 벼랑에 자리를 잡고 앉아 있다. 과거에는 큰마음을 먹어야 올 수 있는 곳이었다. 그런 곳이 1984년 돌산대교가 준공되면서 섬이 아닌 육지로 바뀌었다. 접근이 쉬워지면서 향일암을 찾는 방문객 수도 많이 늘어났다.

바다로 가는 거북이

　향일암은 관음성지가 아니라도 일출이 아름답기로 소문난 곳이다. '금색 거북이'라는 금오산(金鼇山)의 신비스러운 거북이가 매일 아침 떠오르는 해를 맞이한다고 전해진다. 그래서 향일암에는 돌로 만든 거북이가 암자 곳곳에서 바다를 보면서 해를 맞이하고 있는 모습이 보인다. 향일암에서 입구 쪽 바다를 바라보면 조그마한 산 능선이 보인다. 그 모양새가 바다로 나아가려는 거북이 머리와 닮아 있다. 또한, 전망대를 비롯하여 암자가 위치한 바위의 표면이 거북 등 껍질과 같은 무늬로 되어 있다. 어떤 사람은 이를 주상절리라고 하는데 자세히 보면 그것은 아닌 것 같다.
　향일암은 기도발이 잘 받는 곳이라고 알려져 있다. 그중에서도 관음전은 기도가 가장 잘되는 곳이라 한다. 관음전은 대웅전에서 석굴을 지나가면 윗부분에 자리하고 있다. 그리고 바로 옆에는 해수관세음보살이 바다를 내려다보고 있고, 아래쪽의 넓은 바위는 원효 스님이 좌선(坐禪)했던 곳이라고 전해지고 있다.

사찰 예절

가는 날이 휴일이라 전망대에서 일출을 보고 관음전으로 내려오니 많은 사람으로 붐비고 있다. 조용히 기도할 분위기가 아니다. 사찰 법당에 들어가서 기도하려면 법당 좌우 옆문으로 출입하도록 안내하고 있으나, 일부 참배객은 부처님이 드나드는 가운데 문으로 아무런 거리낌 없이 드나들고 있다.

교회에 가면 교회가 요구하는 예의를 지켜야 하듯이 사찰에 가면 사찰이 요구하는 예의를 갖추어야 한다. 이런 예의를 모르는 중생들은 부처님 앞에서 절만 하면 모든 것이 이루어지는 줄 알고 있다. 모든 일은 기본을 알아야 그다음을 깨우칠 수 있다.

『조용헌의 휴휴명당』의 저자인 조용헌 작가는 '마음이 무거운 사람들은 이곳 향일암 관음전에서 몇 시간이고 기도해 보라.'라고 했다. '죽기 살기로 기도하고 매달리면 부처님도 그들을 보살펴 주실 것'이라고 하였다. 급경사 계단 길을 오르고 돌문을 지나면 어깨에 짊어진 삶의 무게도 가벼워질 것이다. 우리는 그 답을 얻으려 하기보다는 부처님의 가르침을 따르고 마음으로 기도한다면 언젠가는 그것이 이루어지리라 믿는다.

암자가 위치한 바위 틈새로 일출이 보인다. 왼쪽의 기둥처럼 보이는 바위는 스님이 기도하는 모습과 흡사하다.

7.
금산 보리암

석조관음보살을 친견하기 위해 흘리는 땀방울

모든 학부모의 가슴을 졸이던 대학수학능력시험이 끝났다. 초중고 12년간의 학습 기간이 이날 하루에 판가름 나는 날이다. 대학 입시를 목전에 둔 모든 학부모는 물론 학생들도 오직 이날 시험에 온갖 정성을 다하고 있다. 모든 일에는 항상 승자와 패자가 있는 법이다. 승패의 세상은 늘 가혹한 것이다.

산을 오르는 것도 마찬가지다. 처음에는 서로 앞뒤 구분 없이 함께 시작하지만, 시간이 지날수록 앞뒤의 간격은 점점 벌어진다. 그러다 보면 어떤 사람은 한참 전에 정상에 도달했지만, 어떤 사람은 아직도 7부 능선에서 가쁜 숨을 몰아쉬면서 먼 산을 쳐다보고 자신의 허약함을 한탄하고 있다. 세상의 진리는 예나 지금이나 변함이 없다.

이렇게 힘든 산도 자신의 체력에 맞게 일정한 속도로 부지런히 오르다 보면 시간의 차이는 있을지라도 다른 사람들과 같이 정상에 다다르게 된다. 이렇듯 등산이나 공부나 평소에 기본적인 실력을 쌓으면 여유롭지는 못해도 정상에 도달하는 것이 불가능한 것은 아니다.

경남 남해군 금산에는 보리암이 있다. 들머리는 상주면 두모계곡 입구에서 산행을 시작한다. 뒤를 돌아보니 500여 미터(m) 건너 바다에

노도라는 작은 섬이 보인다. 조선 시대 소설 『구운몽』과 『사씨남정기』를 지은 '서포 김만중'이 귀양을 살았다는 섬이다. 지금은 십여 세대가 살고 있는 섬이지만 당시에는 아무도 살지 않는 고독한 섬이었을 것이다. 본시 문학이란 편안함보다는 실패와 고독과 실연 속에서 탄생한다고 했다. 아무도 살지 않는 고도(孤島)에서 고독을 달래면서 가슴속에 떠오른 것이 그의 소설 소재가 되지 않았을까 생각해 본다.

두모계곡 길

금산(錦山)은 조선 태조 이성계가 이곳에서 백일기도 후에 왕권에 올랐다고 하는 전설이 있다. 그는 그 보답으로 산 전체를 비단으로 두르려는 마음으로 산 이름을 비단의 산이라 했다고 한다. 사실은 그것보다는 고려 말 왜구의 침입이 심했던 이곳 남해에서 왜적을 상대로 전투를 하면서 승전과 자신의 안위를 위하여 기도하였던 곳이 이곳 보리암이 아닌가 하는 생각이 든다.

두모계곡으로 오르는 중간중간 돌담을 쌓았던 흔적이 보인다. 남해 다랑이 논에서 보았던 솜씨가 이곳에도 있다. 아마도 이 지역 사람들은 당시 척박한 지형에서 더 많은 식량을 생산하기 위해 이런 기술이 발전했던 것이 아닐까 생각해 본다. 이곳의 돌담도 밭이나 논을 만들기 위하여 쌓은 흔적으로 보인다. 지금은 농지로 이용하고 있지 않지만, 돌담은 조금도 흐트러짐이 없이 잘 보전되어 있다.

남해군은 원래 섬이었다. 그런데 남해대교와 창선대교가 건설되면서 섬이 아닌 육지가 되었다. 다리가 없던 그 시절에는 모든 것이 불편했을 것이다. 그 옛날 어려운 시절에는 경사진 비탈에 돌담을 쌓아서 다랑이 논을 만들고 벼를 재배하였을 것이다. 그것이 지금은 유명 관광지로 변화하고 있다. 지금도 중국이나 베트남에 가 보면 이런 다랑이 논에서 벼를 재배하고 있는 모습을 자주 볼 수 있다.

정상까지 3.2㎞라는 안내 표지판이 보인다. 부지런히 걸으면 1시간 30분 정도면 충분히 갈 수 있는 거리다. 서울에서 이곳까지 당일 코스로 오는 것은 시간상으로 쉽지 않은 곳이므로 가급적 천천히 걸으면서 많은 것을 보고 가려고 한다.

부소암

한 시간여를 오르면 중국 진시황의 아들이 이곳에 유배되어 살았다는 부소암(扶蘇岩)이 나타난다. 사람의 뇌 형상을 빼닮은 모습이다. 바위가 어떻게 저런 모습으로 형성될 수 있을까 싶을 정도로 정교하게 생겼다. 그리고 조금 위쪽에는 해골 같은 모습의 바위도 보인다. 아마도 이 두 바위가 원래는 하나였는데 불가피한 사연으로 해골과 뇌로 떨어져서 살고 있는 것이 아닌지 부질없는 상상도 해 본다.

부소암 바로 앞에는 자그마한 암자인 부소암(扶蘇庵)이 있다. 스님이 부재중인지 산문(山門)을 막아 놓아서 안으로 들어갈 수는 없었지만, 남해 앞바다가 그대로 보이는 양지바른 곳에 자리 잡고 있다. 영험한 바위를 배경으로 명당에 자리 잡은 암자가 그림처럼 연상된다. 하늘에서 내려다본다면 암자는 어떤 모습으로 보일까.

전국 어디를 가나 유명한 산에는 아름다운 바위가 있고, 거기에는 전설적인 이야기들이 전해지고 있다. 금산(錦山)의 원래 의미가 비단을 둘러친 듯 아름다운 산이라고 했듯이 이곳에도 기암괴석들이 많다.

상사암

 상사암(相思岩)이 그런 바위 중의 하나다. 여기에는 입에서 입으로 전해지는 전설이 있다. 옛날 이곳 남해에 살던 남자가 이웃 마을 여인을 사모하다가 상사병에 걸려서 죽을 지경에 이르자 그 소식을 듣게 된 여인은 이 바위에서 그 남자의 소원을 풀어 주었다고 하여 붙인 이름이다. 왜 이토록 높은 곳까지 와서 소원을 풀어 주었을까.
 소원의 내용이 무엇인지는 구체적으로 알려진 것은 없다. 하지만 그때나 지금이나 다른 사람들의 눈을 피해 소문 없이 그 사람의 소원을 들어주기 위해서는 인적이 뜸한 이런 곳을 선택하지 않았을까.
 정상으로 가는 도중에는 좌선대(坐禪臺)가 있다. 신라 시대 원효 대사, 의상 대사, 윤 필 거사 세 분이 이곳 바위에서 좌선하였다고 하여 붙여진 이름이다. 바로 옆에는 석축과 주춧돌과 같은 돌조각이 보이니 아마도 이곳에도 암자가 있었을 것으로 추정된다.
 금산은 남해 가장 끝자락에 있는 가장 높은 산이다. 이곳에 서면 한려수도가 사방으로 조망되는 곳이다. 정상에 봉수대가 있다. 지금은 허물어 없어진 봉수대 모형을 복원하여 그때의 상황을 어렴풋이 짐작하게 하고 있다.

보리암

 정상에서 10분 정도 남쪽으로 내려가면 보리암(菩提庵)이 나온다. 신라 신문왕 3년(683)에 원효 대사가 세웠다는 고찰로서 쌍계사의 말사이면서, 우리나라 4대 해수관음성지 중의 하나이다. 기암절벽과 망망

대해가 한눈에 내려다보이는 곳으로 섬과 섬 사이에서 떠오르는 일출이 장관이라고 알려져 있다.

이곳에서 가장 기(氣)가 세다는 곳에 석조관음보살상이 서 있다. 여기에서 기도하면 관음보살이 한 가지 소원은 들어주신다고 한다. 휴일이라서 석조관음보살상 주변에는 많은 등산객과 암자를 찾은 불자들로 분주하게 돌아가고 있다.

금산탐방지원센터 방향으로 하산하다 보면 쌍홍문(雙紅門)이 나온다. 위에서 내려다보는 형상과 아래에서 위로 쳐다보는 형상이 서로 다르다. 어쩌면 부소암과 서로 인연이 있는 바위가 아닌가 하는 생각이 들었다. 두 눈이 퀭한 해골처럼 아래를 내려다보고 있는 모습이다. 금산은 다른 산과는 달리 바위 자체가 서로 간에 의미 있는 모습으로 비친다. 보리암이 4대 관음성지 중의 하나라서 그런가.

하산하는 길은 조금 가파르지만 올라간다고 생각하면 훨씬 수월하다. 하산하는 시각이 오후임에도 보리암으로 가는 보살님들의 발걸음이 바쁘게 움직이고 있다. 온몸을 땀으로 적시면서 관음보살상을 친견하려는 보살님들의 숭고한 마음을 관세음보살님은 알고 계실 것이다.

보리암의 석조관음보살상. 여기서 기도하면 한 가지 소원은 들어주신다고 하니 한번 들러서 기도해 보면 좋을 것이다.

8.
미황사 도솔암

달마고도길에서 들리는 범종 소리

밤새 버스에서 시달리던 무거운 머리를 시원한 새벽 공기가 때린다. 차가운 기운을 뚫고 미황사의 일주문이 희미하게 보인다. 사찰에 들기 전에 속세의 번뇌를 말끔히 씻고 일심(一心)으로 들어오라는 첫 관문이 일주문이다. 그래서 문짝도 없이 기둥만 두 개가 덩그러니 서 있다. 오는 사람 막지 않고, 가는 사람 잡지 않듯이 들고 나는 모든 것은 스스로 결정하라는 의미일 것이다.

하늘이 흐렸는지, 미세 먼지가 끼었는지, 새벽부터 달이 구름 사이로 술래잡기를 하고 있다. 초겨울이라 밤공기가 찰 것으로 예상했지만 남쪽이라 그런지 새벽의 밤공기는 따스한 기운이 감돈다. 아직 이른 새벽이라 미황사는 산문(山門)만 열려 있다.

나그네는 묵언(默言) 수행 하듯 잠시 동안 조용한 발걸음으로 경내를 돌아보고 있는데 스님 한 분이 대웅전의 법당문을 열고 들어가신다. 그 새벽 시간에 절을 찾은 손님이 열린 법당 안으로 들어가서 새벽 기도를 한다. 기도하는 마음은 아름답다. 부처님도 이렇게 이른 새벽에 찾아온 불자의 기도하는 마음을 들어 주시리라 믿는다.

미황사는 우리나라의 최남단에 위치한 사찰이다. 신라 경덕왕 시대에 돌로 만든 배가 화엄경, 법화경 등을 싣고 남해안 바닷가에 정박하였다. 그리고 이 배에서 내린 소(牛)가 걸어가서 멈춘 곳이 미황사라 한다. 미황사는 대웅전을 비롯한 대부분의 건물이 단청을 입히지 않은 사찰이다. 그래서 이곳을 찾는 사람들로 하여금 위압감을 주지 않고 누구나 부담 없이 찾고 싶은 소박한 암자처럼 보이는 사찰이다.

새벽 범종 소리

잠시 쉬고 발걸음은 다시 산으로 올라간다. 어두운 산길을 자그마한 불빛에 의존하면서 산으로 오르는 길은 고요한 정적만 흐른다. 가끔씩 발을 헛디뎌서 미끄러진 돌이 아래로 구르는 소리만 간간이 들린다. 새벽 다섯 시가 되니 미황사의 범종이 울린다. 새벽에는 스물여덟 번 울린다. 새벽에 울리는 범종 소리는 모든 중생이 종소리를 듣는 순간 번뇌가 없어지고, 지혜가 생겨 나쁜 길에서 벗어나게 된다고 한다.

종소리가 울리자 그 자리에 앉아서 범종 소리가 끝날 때까지 번뇌에서 벗어나려고 안간힘을 써 본다. 그렇다고 켜켜이 쌓인 묵은 때 같은 이기심이 쉽게 떠나질 않는다. 이것도 업보이리라.

어둠 속을 얼마나 올랐을까, 정상이 보인다. 바다는 아직 새벽이다. 너무 일찍 올라온 탓이리라. 옛사람들은 이곳에 봉화를 설치하여 긴급한 상황이 발생하면 불을 붙였다고 한다. 그래서 원래 이름이 봉화(烽火)를 알리던 봉우리라 하여 불썬봉이라 불렀다. 지금도 지도에는 달마산과 불썬봉을 같이 쓰고 있다.

해가 뜨려면 아직 한 시간이나 더 기다려야 한다. 바쁠 것이 없는 나그네는 간단한 방한복을 걸치고 새벽하늘만 쳐다본다. 바다 쪽을 보니 두꺼운 구름층이 끼어 있다. 일출 시각이 지났지만 태양은 구름 속에서 얼굴을 내밀 생각을 하지 않고 있다. 더 이상 일출을 기다리는 것은 의미가 없다. 일출은 보지 못했지만 가야 할 길은 가야 한다.

달마산은 호남의 금강산이라고 불릴 정도로 아름다운 곳이면서, 설악산 공룡능선처럼 능선의 암벽이 범상치 않게 생겼다. 달마산은 백두산에서 시작한 대간 줄기가 지리산을 지나서 이곳 달마산에서 끝을 맺었다고 한다. 더 이상 용틀임 칠 수 없는 땅끝에 아름다운 달마산을 만들고 이곳에 미황사라는 남도 최고의 사찰을 탄생시켰다.

달마고도길

도솔암으로 가는 산길은 공룡의 날카로운 등판을 걷는 기분이다. 밧줄을 잡고 오르내리는 암벽 길은 기본이다. 그만큼 힘든 길이지만 암벽에서 나오는 에너지(氣)를 받으면서 눈앞에 펼쳐지는 기기묘묘한 바위를 보는 즐거움으로 힘든 줄 모르고 걷게 된다. 도솔암은 땅끝 마을로 가는 등산로에서 우측으로 살짝 비켜나 있다. 미황사의 열두 암자 중의 하나다. 이곳은 동국여지승람에 의하면 달마대사의 법신(法神)이 상주하는 곳이라고 한다.

도솔암은 통일 신라 때 의상대사가 설립한 암자로 알려져 있다. 조선 선조 30년(1597년) 정유재란 당시 왜군이 방화하여 소실된 채로 방치되다가, 2002년 오대산 월정사의 법조 스님의 꿈에 도솔암이 현시(現示)하여 이곳으로 와서 새로운 암자를 지었다고 한다. 도솔암이라는 이름의 암자는 전국에 여러 곳이 있다. 이 이름은 불교에서 말하는 여섯 개의 하늘 가운데 네 번째의 하늘이라는 도솔천(兜率天)에서 유래했다고 한다.

암자 입구에서 도솔암을 바라보면 두 개의 커다란 바위 사이로 암자 측면의 맞배지붕이 보일 듯 말 듯 한다. 계단에 사용한 돌은 생긴 그대로 이용하여 자연 친화적으로 만들었다. 도솔암 내부는 삼면이 바위로 둘러져 있다. 바위에서 나오는 에너지가 이곳을 찾는 불자들의 마음을 정화시켜 주고, 그들의 바람을 들어주는가 보다. 그것이 암자가 작아도 많이 찾는 이유일 것이다. 암자나 사찰은 화려하기보다는 사람들이 부담 없이 다가갈 수 있는 작은 것이 좋다고 한다.

암자 내부에는 깨끗한 삼존불상이 조용히 법당을 지키고 있다. 옆에는 정원수 같은 나무가 자라고 있다. 이 나무는 암자의 역사를 모두 알고 있으리라. 높고 가파른 바위 속에서도 뿌리를 내리고 암자를 지키기 위하여 자라고 있는 모습이 대견스럽게 보인다.

암자에서 조금 더 내려가면 삼성각(三聖閣)이 있다. 삼성각 역시 뒤로는 웅장한 바위가 삼성각을 지키고 있다. 여기서 도솔암을 올려다보면 신선이 사는 곳이 바로 저런 곳이 아닌가 하는 생각이 든다. 이러한 아름다움 때문에 미황사에 오면 반드시 도솔암을 보고 가라고 하는가 보다.

도솔암으로 가는 방법은 승용차를 이용하는 것이 가장 쉽지만, 가급적이면 달마고도길(둘레길)을 이용하여 도솔암을 찾아간다면 온전하게 도솔암의 참모습을 느낄 수 있을 것이다. 달마고도길을 걸으면서 묵언 수행 하듯 사는 것이 무엇인지 자문자답(自問自答)하면서 걷는다면 더 많은 것을 얻어 갈 수 있을 것이다.

이 둘레길을 처음 만들 때 미황사 주지 스님이 달마고도길을 만드는 조건으로 중장비를 사용하지 않고 삽과 곡괭이로 만드는 것을 제안하여 그렇게 만들어졌다고 한다. 그래서 이 길은 다른 길과 달리 자연스러운 모습을 보면서 걸을 수 있는 아주 좋은 둘레길이다. 스님의 자연

친화적인 생각이 모든 중생의 마음을 더 푸근하게 만들고 있다.

도솔암 입구에서 도솔암을 올려본 모습. 암자의 맞배지붕만 살짝 보인다.

9.
대둔산 석천암

아픔이 있는 곳이지만 그 아픔을 이겨 내는 곳

　동지(冬至)는 일 년 이십사절기 중 스물두 번째 절기이면서 연중 밤의 길이가 가장 길고, 낮의 길이가 가장 짧다. 옛사람들은 이날이 지나면 낮의 길이가 쌀 한 톨만큼씩 길어진다고 했다. 동시에 이날은 팥죽을 먹어야 한 살을 더 먹는다고 했다.
　과거에는 팥죽을 쑤면 먼저 사당(祠堂)에 올려 동지 고사(冬至 告祀)를 지내고, 각 방과 장독, 헛간 같은 곳에 놓아두었다가 식은 다음에 가족들이 함께 먹었는데, 이는 집안의 악귀를 쫓아내는 민간 신앙의 일종이었다.
　지금은 대부분의 사람들이 아파트라는 공동 주택에 살고 있어서 팥죽을 직접 만들어 먹는 집들도 점점 줄어들고, 동지 고사를 모르는 집들도 많을 것이다.
　동지 다음 날 전날 먹었던 팥죽을 보온 도시락에 담아 대둔산(大芚山)으로 향한다. 산으로 가는 날은 늘 가슴이 설렌다. 지난번에 보았던 풍광보다 더 아름다운 풍경이 펼쳐질 것이라는 기대를 하면서 버스 안에서 부족한 잠을 청한다.
　대둔산은 여름보다 겨울이 아름다운 산이다. 하얀 눈 이불을 덮어쓴 대둔산은 용담호와 대아저수지에서 올라오는 물안개로 운무가 아름다운 곳이다. 멀리 보이는 민주지산, 덕유산, 지리산 바래봉, 운장산 그리고 내장산이 그려 내는 산그림자가 마음을 행복하게 하는 산이다.

그것도 온도와 습도가 적당하게 조화를 이룬다면 천하제일경의 풍광을 볼 수 있다. 그런데 평소에 덕을 적게 쌓은 탓인지 오늘따라 옅은 운해도 선명한 산그림자도 볼 수가 없다.

어디에나 아픔은 있다

대둔산은 육중한 바윗덩어리로 이루어져 강한 기운이 감도는 산이라 한다. 우리 역사에서 아픈 흔적을 많이 남긴 곳이기도 하다. 조선 중기에는 왜군의 침입으로 치열한 전투가 벌어졌고, 조선 말에는 동학 혁명군들이 최후의 항전을 하던 곳이었다.

그리고 6.25 전쟁 중에는 인천 상륙 작전으로 북으로 퇴각하던 인민군들이 미처 퇴각하지 못하고, 남한에서 활동하던 좌익 청년 동맹군들과 함께 빨치산 활동을 하면서 많은 군인, 경찰 및 민간인들이 희생을 당한 곳이기도 하다.

대둔산 자락에는 신라 신문왕대에 원효 대사가 창건하였다는 태고사(太古寺)를 비롯하여 안심사(安心寺)와 석천암(石泉庵) 등이 있다. 그중에서 석천암은 창건 시기가 확실하게 알려진 것이 없다고 한다.

멧돼지가 점지한 암자

석천암 천산 스님에 의하면 옛날에 사냥꾼이 멧돼지를 사냥하는데 멧돼지가 갑자기 부처님으로 보였다고 한다. 사냥꾼은 화살을 버리고 이 자리에 암자를 짓고 스님이 되었다고 말씀하신다.

대둔산은 정상에서 남쪽으로 바라보는 조망이 가장 아름답다. 사진작가들은 기온과 습도가 알맞은 날에는 이런 풍경을 담기 위하여 대둔산에 오르기도 한다. 낙조대에서 석천암 방향으로 하산하는 능선길도 조망은 그것에 비유가 되지 않지만, 그런대로 좋은 길이다.

오늘의 하산길은 대둔산 정상에서 낙조대를 거쳐서 석천암으로 하산하는 능선길을 택하였다. 석천암으로 가려면 이 길로 하산하면 편리하다. 내려오다 보면 석천암에 거의 다다르기 전에 좌측으로 사층 불탑이 보인다. 바로 아래에 주황색 지붕의 암자가 보인다.

함께한 일행들과 달리 굳이 석천암을 찾은 것은 EBS 방송의 『한국기행』, 「은둔의 낙원」에 방송된 적이 있어서다. 그때의 방송화면 모습을 머릿속에 떠올리면서 한 번은 꼭 가보고 싶은 곳으로 마음 두었던 곳이다.

낙조대에서 내려와 석천암으로 들어가려면 후문 격인 사립문으로 들어가야 한다. 그런데 작은 개 한 마리가 사납게 짖어 댄다. 한 마리는 어미 개인 듯하고, 짖어 대는 개는 새끼가 커서 수문장 역할을 하고 있다. 개가 짖어서 잠시 암자 앞에서 서성이고 있으니 스님이 나오신다.

부처님의 분신

TV에서 보아 왔던 그 얼굴이다. 반갑게 인사를 드리고 안으로 들어갔다. 스님께서 "개들이 여러 마리가 되어 시끄러워서 마을 사람들에게 어미 개를 데려가라 했는데, 데려갈 생각을 않고 있다."라고 하신다. 나그네는 마음속으로 아마도 마을 주민들은 어미 개를 부처님의 분신이라고 생각하고 있으니 데려가서 감히 몸보신할 생각을 하지 못할 것이라 생각했다.

암자는 건물 두 동과 산신각 한 동으로 구성되어 있다. 조금 안쪽에 산신각이 있다. 산신각 옆으로 커다란 바위틈에서 시원한 샘물이 솟고 있다. 그래서 석천암이라는 이름이 지어진 것이 아닌가 하는 생각이 든다. 이 샘물은 맛이 좋다고 소문나 있는 곳이다.

암자 뒤로는 다른 대부분의 암자처럼 커다란 암벽이 암자를 둘러싸고 있다. 이런 암자들을 보면 항상 느끼는 것은 언젠가는 저 바위들이 굴러떨어질 것 같은데, 그 생각을 하면 가슴이 조마조마해진다. 그런데 지금까지 그런 사고가 발생했다는 소식은 듣지 못했으니 괜한 걱정인가 보다. 아마도 부처님께서 그런 일이 없도록 보살펴 주실 것이다.

답은 마음속에 있다

석천암에는 공양 보살이 거주하셨는데 오늘은 시내로 내려가셨는지 천산 스님 혼자서 공양을 준비하고 계셨다. 바쁘신 가운데 몇 말씀을 해 주신다. 부처님이 존경을 받고 있는 이유는 말없이 그저 바라만 보고 계시기 때문이라고 하신다.

알 듯 모를 듯 한 말씀이다. 그러면서 부처님은 모든 사람들의 마음속에 있다고 한다. 맞는 말씀인 것 같다. 자신을 모르면서 살아가는 것은 의미가 없을 것이다. 그러면 어떻게 자신을 알고 살아갈 것인가. 아무리 생각해도 거기에 대해서는 마땅한 답이 생각나지 않는다.

스님께서 내려오면서 사 층 석탑을 보았느냐고 물어보신다. 보았다고 하니 어떤 작가가 이곳에서 천 배를 했다고 말씀해 주신다. 천 배를 하려면 아마도 하루 종일 걸렸을 것이다. 나그네는 언제 그렇게 깊은 불심으로 천 배를 할 것인가.

우리가 살아가는 길은 희로애락을 함께하면서 종점을 알 수 없는 기나긴 시간여행을 하는 것이다. 그리고 힘들고 어려운 과정을 거치면서 또 다른 미래를 꿈꾸면서 살아가는 것이다.

우리는 마음속에서 언제나 아름답고 행복한 미래를 기원하고 있다. 부처님 앞에서 자신을 내려놓고 간절한 바람을 간구(干求)한다면 부처님도 우리의 희망 사항을 들어주실 것이다. 지금까지 평탄한 인생을 살았든, 힘든 인생을 살았든, 그것이 문제가 아니다. 우리의 미래는 오직 부처님만 알고 계실 것이다.

석천암 뒤에 있는 사 층 석탑. 장소가 좁아 위험하여 둘레에 보호망을 설치하였으니 조심히 다가가야 한다.

10.
선암사 해우소

모두를 내려놓고 가라 하네

세상이 아무리 혼란스러워도 자연은 어김없이 제자리를 찾아오고 있다. 자연의 이치가 이러한데 인간은 바이러스를 이기지 못하고 해답을 찾지 못하고 있다. 지나간 역사가 그러하듯 지금의 역병도 혹독한 대가를 치르고 가슴에 새겨야 할 교훈을 남기면서 사라질 것이다. 시간이 지나면 언제 우리가 그런 시련에 시달린 적이 있었던가 하고 또다시 망각하게 될 것이다.

일교차가 10도 이상 차이가 나는 계절이다. 한낮에는 따스한 봄 햇살을 이기지 못하고 수은주가 15도 넘게 밀어 올리고 있다. 밤은 아침을 이기지 못하고, 겨울은 봄을 이기지 못한다는 말이 있다. 혹독한 겨울 추위를 이겨 낸 봄꽃들이 지금과 같은 따뜻한 봄날을 기다리고 있었나 보다. 이럴 때는 제아무리 단단한 껍질로 둘러싸여 있는 꽃망울일지라도 제풀에 스스로 터지고 만다.

남쪽 지방인 광양에는 매화가, 구례에는 산수유가, 그리고 순천 선암사(仙巖寺)에도 매화가 피고 있다. 오백여 년 넘게 자라고 있는 선암사의 홍매(紅梅)가 꽃잎을 올렸다고 하니 어찌 존경스럽지 아니한가. 겨우내 가녀린 모습으로 온갖 추위를 이겨 냈을 연약한 나뭇가지에 피어난

꽃이 향기를 뿜어내고 있으리라 생각하니 가슴이 설렌다.

  서울에서 전남 순천에 있는 선암사로 가려면 무려 4시간을 달려야 한다. 지루한 시간이지만 선암매를 본다는 기대가 있기에 무료한 시간은 견딜 만하다. 선암사는 송광사와 함께 호남의 대표적인 사찰이다. 선암사는 통일 신라 말에 도선국사가 창건했다고 하는 설과 경덕왕 원년(742년)에 중건했다는 설이 있다. 어찌 되었든 선암사는 이후로 여러 차례의 화재로 중건(重建)을 거듭한 끝에 현재 유네스코(UNESCO) 문화유산으로 등재된 유명한 사찰이다.

불교의 분파

  선암사는 태고종(太古宗)의 총본산(總本山)이고, 산 너머 있는 송광사(松廣寺)는 조계종(曹溪宗)의 총본산(總本山)이다. 조계산을 중심으로 동서로 두 종파가 나누어진 것이 특이하다. 일제 강점기 시절에 한국 불교 탄압으로 대처승이 늘어났다. 6.25 동란과 근대화 과정을 거치면서 대처승과 비구니가 통합하면서 조계종으로 출범하였다. 그리고 다시 태고종과 조계종으로 양분하면서 오늘에 이르고 있다.

  선암사는 봄만 되면 매화가 명성을 얻고 있다. 역병이 전 세계를 휩쓸고 있지만 봄을 맞이하려는 사람들은 이곳 홍매(紅梅)를 보기 위하여 먼 길을 마다치 않고 달려오고 있다. 선암사의 매화는 수령이 워낙 오래되어서 고불매화(古佛梅花)라는 이름이 붙여져 있다. 수령 350~600년 정도의 매화나무 오십여 주가 무우전(無憂殿) 돌담길에 자생하고 있어서 선암매(仙巖梅, 천연기념물 제488호)라고 부르기도 한다.

  선암사 주차장에 내리면 승선교(昇仙橋, 보물 제400호)를 만나게 된다.

이 다리는 조선 숙종 대에 쌓은 돌다리로서, 남아 있는 아치형 다리 중에서 가장 아름다운 다리로 평가받고 있다. 개울물이 많을 때는 물에 비치는 다리의 모습이 아름답다고 소문난 곳이다. 특히, 이 다리의 아치형 중간 부분에 용머리가 튀어나와 있는 것이 보인다. 이는 중생들이 고통의 세계에서 부처의 세계로 넘어가는 과정에서 이를 보호하려는 목적으로 설치되었다고 하니 옛사람들의 생각이 지금의 우리보다 훨씬 철학적인 것 같다. 공학적으로는 이 용머리가 빠지면 자동으로 다리가 무너지게 설계되어 있다고 한다. 아마도 비상시에 대비하여 외부의 침입을 예방하기 위한 수단이 아닌가 하는 생각을 해 본다.

신선이 오르내리는 길

승선교 바로 위에는 강선루(降仙樓)가 있다. 이곳 선암사에는 신선 선(仙)자가 들어간 곳이 세 군데가 있다. 선암사, 강선루, 승선교로서 모두 신선(神仙)과 관련이 있는 것처럼 보인다. 신선이 하늘에서 내려와(降仙) 계곡물에 목욕하고, 다시 하늘로 올라가는(昇仙) 과정을 연결시킨 곳이 이곳 선암사가 아닌가 하는 생각이 든다.

선암사에는 세 가지가 없다고 한다. 첫 번째는 사천왕문이 없고, 두 번째는 협시보살상이 없고, 세 번째는 어간문이 없다. 사천왕문은 조계산 장군봉이 지켜 주므로 없어도 되고, 협시보살상은 대웅전 석가모니 부처님으로 만족한다고 한다. 그리고 어간문은 대웅전 중앙에 있는 문으로, 깨달음을 얻은 사람만 통과할 수 있는 문이다. 이 문이 없다는 것은 속세에 깨달은 사람이 많지 않다고 생각한 것인지, 아니면 모든 사람들이 이미 깨달았기 때문이라고 생각한 것인지 알 수가 없다.

선암사 뒷간

선암사 하면 '정호승' 시인이 쓴 「선암사」라는 시가 생각난다.

'눈물이 나면 기차를 타고 선암사로 가라. 선암사 해우소로 가서 실컷 울어라. (중략) 눈물이 나면 걸어서라도 선암사로 가라. 선암사 해우소 앞, 등 굽은 소나무에 기대어 통곡하라.'

이 시를 읽고 있으면 그 누구도 닦아 줄 수 없는 마음의 눈물을 선암사 해우소는 해결해 줄 수 있다는 생각이 든다. 천주교 신자인 정호승 시인은 이 시에서 아무에게도 말 못 할 사연이 있다면 성당의 고해소가 아닌 선암사 해우소에서 실컷 울어 보라고 했다. 그러면 '풀잎들이 손수건을 꺼내 눈물을 닦아 주고 새들이 가슴속으로 날아와 종소리를 울린다.'라고 했다.

선암사 해우소는 옛날의 모습으로 '뒷간'이라는 간판이 걸려 있다. 대부분의 사람들은 이 화장실을 사용하길 주저한다. 해우소로 들어가면 오른쪽이 여자용이고, 왼쪽이 남자용으로 구분되어 있다. 화장실 칸막이 높이는 옛날 논산훈련소 화장실처럼 어른 가슴 정도의 높이로 되어 있어서 일어서면 옆 칸에 누가 일을 보는지 알 수 있을 정도로 낮다. 그리고 중국의 재래식 화장실처럼 앞문이 없어서 지나가는 사람이 얼굴을 조금만 돌리면 민망한 모습도 볼 수 있다.

화장실 밑바닥은 그 깊이가 거의 5m는 되어 보일 정도로 까마득하게 보인다. 근심 덩어리가 떨어지면 한참 후에 '툭' 하는 소리가 들린다. 이렇게 깊다 보니 바닥에 고여 있던 물이 엉덩이까지 튀지 않으니 위생상으로 아주 좋다. 그리고 상하좌우로 공기가 소통되니 냄새도 나지 않는 아주 위생적인 뒷간이다.

근심을 덜어 내는 곳

문제는 여기서 일을 보려고 쪼그려 앉으면 온몸의 근육이 쪼그라드는 기분이 들어 근심을 해결하기 어렵다. 또한, 아래쪽에서 누군가가 손으로 당기는 듯 밑바닥으로 빨려 들어가는 기분도 든다. 그래서 그런 걱정을 하지 말라고 앞쪽에 나무 창살로 창문을 만들어 놓았다. 쪼그려 앉으면 바로 앞의 창살 사이로 빛이 들어오면서 외부 풍경이 보인다. 있는 그대로 자연의 모습을 보면서 근심을 덜어 내라는 의미일 것이다.

해우소는 몸속의 찌꺼기뿐만 아니라 영혼의 찌꺼기도 내려놓는 장소이다. 사람이 살다 보면 눈물을 쏟아 내고 싶을 때가 있고, 말 못 할 사연이나 고통도 모두 쏟아 내고 싶을 때가 있을 것이다. 모든 부귀영화를 벗어던지고 인간 본래의 모습으로 다시 태어나고 싶다는 생각이 들면 선암사의 뒷간으로 가서 실컷 울어 볼 것이다. 몸속의 찌꺼기와 마음속의 찌꺼기는 해우소 발판에 펼쳐 놓은 왕겨와 함께 아래로 떨어져 또 다시 새로운 생명을 키우는 에너지가 될 것이다.

선암사의 첫 분위기는 절의 규모에 비하여 참 소박하다는 생각이 든다. 모든 건물이 단청을 하지 않아서 나뭇결이 자연 그대로 보인다. 봄에 가면 홍매가 절의 단청 분위기를 돋우어 주고, 가을에 가면 단풍이 단청의 역할을 대신한다.

이곳에는 부도탑이 여러 기가 있다. 상원스님의 부도탑은 강원도 월정사로 향하고 있다고 하는데, 다른 부도탑과는 달리 방향이 90도로

틀어져 있다고 한다. 매화를 보느라 그 연유가 무엇인지 알아 내지 못한 것이 못내 아쉽다.

조계산 장군봉

정상으로 가는 길은 오르막의 연속이다. 숨이 목에 차도록 2시간여를 오르다 보면 정상이 보인다. 정상 표지석의 명칭은 '조계산 장군봉(884m)'이다. 이 장군봉이 사천왕 대신 선암사를 지켜 준다고 한다. 송광사 방향으로 간다. 여기서부터는 능선길이면서 흙길이라서 걷기에 좋다. 주변에는 조릿대가 자라고 있고, 철쭉나무도 보인다. 조금만 더 시간이 지나면 철쭉이 필 것이다.

조계산은 불교가 번창하던 신라 말에 선종(禪宗)과 교종(敎宗)으로 대립하였던 대표적인 지역으로 손꼽히는 곳이다. 선종은 조계종인 송광사고, 교종은 태고종인 선암사다. 안내 지도를 보니 선암굴목재가 있고, 송광굴목재가 있다. 고갯마루 명칭 하나만 보더라도 두 사찰이 지척에 있으면서도 종파적인 문제로 얼마나 많은 갈등을 하였을지 짐작이 간다. 이것이 진정 부처님의 뜻은 아닐 것이다. 몇 년 전에는 조계종이 선암사를 상대로 소유권 분쟁 소송을 진행하였는데 법원은 선암사의 손을 들어 주었다고 한다.

산길을 걸으면서 두 사찰이 반목을 거두고 서로를 배려하면서 화합하여 부처님의 가르침대로 자비(慈悲)로운 마음으로 함께 가기를 간구해 본다. 그리고 모든 중생이 깨달음의 길로 함께 갈 수 있도록 이끌어 준다면 얼마나 좋은 세상이 펼쳐질까 하는 생각을 해 보았다.

승선교의 모습. 아치형 다리 모형 사이로 보이는 정자가 강선루의 모습이다. 가을철 단풍이 들면 아름다운 모습을 볼 수 있다.

제4부

우리들의 이야기

1.
무릎이 아파 보니

걷는 것이 얼마나 중요한 것인지 이제야 깨닫다

사람이 걸을 수 있다는 것이 얼마나 행복한 것인지를 새삼 느낀 계절이었다. 늘 걷는 것에 자신이 있다고 여유만만하게 살아온 세월이 60년이 넘었다. 그동안 사용할 만큼 사용해서 많이 닳았을 것이고, 피곤도 했을 것이다. 그러나 아직은 더 걸어야 할 길이 남아 있기에 지금 아프면 안 된다.

언제부터인가 쪼그려 앉으면 무릎이 조금 아팠다. 특히, 산행 중에 큰 근심(?)을 해결하려고 앉으면 왼쪽 무릎에 통증이 왔다. 그렇다고 걷는 데 지장이 있을 정도는 아니었다. 그래서 그냥 지나치고 적당한 치료도 해 주지 못하고, 보듬어 주지도 못했다. 지금까지 버텨 온 것이 용하고 신비할 뿐이다. 그동안 수많은 산길과 둘레길을 걸었으니 아플 만도 할 것이다.

어느 날 새벽 산행을 하려고 버스에서 내려 준비 운동을 하는데 무릎에 자극이 왔다. 조금 아프려니 하고 무심하게 대충 준비 운동을 끝내고 산행을 하는데, 평소보다 많이 힘들었다. 새벽 산행이니 그러려니 생각했다. 그렇다고 특별하게 통증이 있는 것은 아니었다. 그런데 걸으면 걸을수록 힘이 든다. 이런 날도 종종 있으니 그런 줄 알았다. 평생 문제없이 사용할 것이라는 자만심(自慢心)에 자신도 모르게 무릎을 학대하고 있었다.

무리한 산행이었을까

  산행을 하고 이틀이 지난 시점에 왼쪽 무릎이 아파서 내려다보니 조금 부어 있다. 평소에 없던 일이다. 무릎이 부었다는 것은 어딘가에 이상이 있다는 뜻이다. 동네 정형외과에 들렀다. 의사는 엑스레이를 촬영하고 결과를 보더니 초기 퇴행성 무릎 관절염 증상이라고 진단했다. 그러면서 무릎의 물을 뺄 정도는 아니라고 하면서 큰 이상은 없는 것 같다고 한다. 염증을 치료하는 주사를 놓더니 며칠간 찜질하고, 처방 약을 복용하면서 치료해 보자고 한다.

  치료를 시작한 지 3일이 지나도 회복되기는커녕 무릎에서 열이 나면서 점점 악화되는 느낌이다. 며칠간 치료한 결과에 회의감이 들었다. 인터넷을 검색했다. 무릎 관절 전문 병원으로 추천할 만한 곳이 있는지 검색해 보니 보건복지부에서 지정한 관절 전문 병원 몇 곳이 있다. 이 정도의 병원이면 믿고 치료할 만한 병원이라는 생각이 들었다.

  예약 없이 병원을 찾았다. 관절 전문 병원이라서 그런지 연세가 드신 환자들이 복도를 메우고 있다. 이런 상황을 보니 자신이 아파 봐야 다른 사람들도 관절 때문에 얼마나 고통을 받고 있는지 알 수 있다. 무려 2시간여를 기다린 끝에 의사는 몇 가지 질문을 하더니 우선 엑스레이를 찍어 보자고 한다.

  엑스레이 판독을 하더니 관절에는 이상이 없다고 한다. 그리고 먼저 의사가 진단했던 퇴행성 무릎 관절염은 아니라고 한다. 혹시 연골에 이상이 있는지 MRI(Magnetic Resonance Imaging)를 찍어 보자고 한다. 얼마를 기다렸을까 검사 결과를 보더니 연골에도 이상이 없다고 한다.

원인을 모르니 의사도 나그네도 답답하다. 그러더니 주사기로 무릎에서 체액을 뽑아내니 맥주 색이다. 무색이 정상인데 이렇게 된 원인이 있을 것이라고 한다. 보통 무릎에 상처가 나면 병원균에 의하여 내부에 염증이 생기는 경우가 종종 있다고 한다. 무릎에 상처를 입은 일도 없는데 왜일까. 나그네도 모르는 사이에 상처를 입었을 수도 있을 것이다. 채혈도 했다. 처방전을 주면서 3일 후에 혈액 검사 결과를 보자고 한다. 걱정이 된다. 영영 산에는 가기 힘든 것은 아닐까. 3일이 무척 긴 시간으로 느껴졌다.

명의(名醫)를 찾아라

3일 후에 다시 병원을 찾았다. 미리 예약한 시간에 방문하니 대기 시간이 짧아서 좋다. 우리나라도 모든 병원에서 예약 시스템이 일상화된다면 시간 절약은 물론 모든 것이 편리할 것이라는 생각이 들었다. 다시 채혈하고 검사 결과를 기다리니 3일 전과 비교하여 조금 나아졌다고 한다. 지난번에 처방받은 약을 복용하면서 일주일에 한 번씩 방문하여 혈액 검사를 받으라고 한다.

이렇게 한 달간 치료하는 사이 화창한 봄날은 바람처럼 지나간다. 남쪽에서 올라오는 꽃소식은 사방에서 들려오지만 그들과 함께하지 못하는 심정에 하늘만 쳐다본다. 노란 빛깔의 아기 손 같은 영롱한 산수유는 물론이고 온 산천에 피었을 진달래도 철쭉도 나그네의 의지와는 무관하게 시간 속으로 사라져 버렸다. 이제 다시 내년 봄을 기다려야 하는가 보다.

사람은 나이가 들어 가면서 각종 신체 기능이 떨어진다. 인간만큼 혹독한 환경 속에서 장기(臟器)를 오랫동안 사용하는 동물도 별로 없을 것이다. 사람들은 그런 특성을 시험이라도 하듯 독한 술을 섞어 폭탄주로 만들어 뱃속으로 마구 쓸어 넣고, 백해무익하다는 담배도 즐겨 피우고 있다.

우리는 편리하다는 단순함에 화학 물질의 합성품인 일회용품을 거리낌 없이 사용하고 있다. 이런 물질 중에 일부는 외부로 배출되지 않고 서서히 우리 몸에 축적되면서 수십 년이 지난 다음 질병으로 나타난다. 그런데 그것이 화학 물질의 영향으로 인한 질병인지, 자신이 원래 조상으로부터 물려받은 체질 때문인지 잘 모르고 질병과 사투를 벌인다.

건강은 건강할 때 지켜라

건강은 건강할 때 지키라는 말이 있다. 사람은 나이가 들어 가면서 여러 가지 어려운 일에 부딪힌다. 가족 없이 혼자 사는 것도 그렇고, 경제적인 문제로 노후를 맞는 일도 그렇다. 하지만 중요한 것은 건강이다. 그 중에서 가장 중요한 것은 두 다리로 걸을 수 있는 것이다. 두 발로 걷지 못하면 많은 것을 잃게 된다. 걷지 못하면 인생 전체가 무너질 수 있다.

'프레데리크 그로'가 지은 『걷기, 두 발로 사유하는 철학』에서 서양의 유명한 철학자인 '니체'나 '루소' 같은 학자도 걸으면서 각종 새와 풀벌레 소리를 듣고, 생각한 것을 글로 썼다고 했다. 그렇게 걸을 수 있는 힘이 있었기에 그들은 후세에 훌륭한 글들을 남길 수 있었다. 지금처럼 마음 놓고 아무 곳이나 걸을 수 없는 상황이 되어 보니 이런 것들이 생각난다.

세계보건기구(WHO)는 건강 구분을 육체적 건강, 정신적 건강, 사회적 건강 그리고 영적 건강으로 분류했다. 이 네 가지가 건강해야 모든 관계가 건강해진다고 했다. 나이가 들어 갈수록 건강을 유지하려면 무엇보다도 명상 효과까지 얻을 수 있는 걷기가 가장 좋다고 했다. 그런데 나이가 들면 들수록 걷기가 어려워진다. 그래도 별다른 질환이 없다면 하루하루 걷는 거리를 늘려 가면서 지속적으로 걸으면 적응이 된다고 하니 걷는 것은 투자가 필요 없는 건강법이라 하겠다.

사람이나 동물이나 걷는다는 것이 얼마나 중요한 것인지 새삼 깨달은 계절이 되었다. 지금까지 나이는 생각하지 않고 젊은 사람과 보조를 맞추려고 하다 보니 무리한 산행을 했을 것이다. 치료가 끝나면 몸이 허락하는 범위 안에서 안전한 산행을 해야겠다. 그래야 건강도 지키고 자신을 지킬 수 있다. 그중에서도 두 다리의 건강이 가장 중요하다.

우리 속담에 '뱁새가 황새를 따라가면 가랑이가 찢어진다.'라고 했다. 무리하게 운동을 하지 말고, 자신에게 맞는 운동을 해야 한다. 건강을 비롯한 모든 일에 적용되는 말이다. 이제라도 이것을 깨달은 것은 참으로 다행한 일이다.

지리산 제석봉 고사목의 모습. 이 고사목도 많은 세월이 흘러 하나둘 사라지고 있다.

2.
등산 사고

돌다리도 두들겨 보고 건너라

　원숭이도 나무에서 떨어진다는 속담이 있다. 모든 일에는 아무리 재주가 많고 실력이 출중하다 해도 실수하는 때가 있는 것이다. 수십 년 동안 높고 험한 산길로 다니면서 소소한 찰과상 정도는 입었지만 큰 상처는 입지 않았다.
　그 모든 것이 자신의 체력과 신중성이 뒷받침되었기 때문이라고 자만했다. 그런데 그것이 착각이었다. 자만심으로 가득 찬 생각이 사고로 이어지고 말았다. 오늘이 그랬다. 높지도, 험하지도, 멀지도 않은 산행을 하면서 하마터면 커다란 부상이나 생명을 잃을 수 있는 사고가 일어났다.

수리산 수암봉

　조그마한 봉우리가 온통 돌부리로 이루어져 있는 암봉(岩峰)이었다. 이름도 수암봉이다. 정상석에서 사진 한 장 찍고 점심때가 되어 정상 아래에 있는 의자에서 점심을 먹으려고 돌 비탈을 내려섰다. 그런데 갑자기 몸이 아래로 쏠리면서 순간적으로 머리가 바윗돌에 닿았는지 "딱" 하는 소리가 귀에 선명하게 들렸다.

반사적으로 몸을 일으켜 통증이 오는 머리를 만져 보았다. 순식간에 피가 흥건히 흘렀다. 급하게 손수건으로 지혈을 했다. 의자에 앉았다. 주변에 있던 등산객들이 급히 다가와 지혈을 도와준다. 그 상황에서도 바닥에 떨어진 안경이 보인다. 그들에게 안경을 부탁했다. 안경알은 안경테에서 떨어져 땅바닥에 뒹굴고, 안경테는 구겨져 사용할 수 있는 상황이 아니다. 그들이 안경을 비닐봉지에 넣어 챙겨 준다.

119 구조 요청

그들은 119에 전화해서 구조를 요청한다. 시간이 지나면서 머리를 누른 부분이 어느 정도 지혈이 된다. 지혈이 효과를 보려면 계속 누르고 있어야 한다. 머리를 묶을 도구를 찾으니 없다. 등산객들에게 수건을 부탁했는데 한 분이 목에 두르고 있던 머플러를 끌러 준다. 그것으로 머리를 감싸서 묶어 달라고 요청했다. 옆에 있던 등산객들이 이마에도 큰 멍울이 생겼다고 말한다.

바위에 부딪히면서 찰과상과 함께 생긴 상처 같다. 손으로 만지니 불거진 상처가 만져진다. 그들은 가지고 있던 휴지와 물티슈로 피 묻은 손과 이마를 닦아 준다. 옷에 묻은 흙먼지까지 털어 준다. 내동댕이쳐진 배낭과 스틱도 주워 준다.

아! 이렇게 고마울 수가 있을까! 모든 것이 자신의 일인 것처럼 발 벗고 나서서 도와준다. 위급한 상황에서 남을 도와준다는 것이 어쩌면 당연한 일일 수도 있으나 그렇지 않은 것이 요즘의 현실이다.

모든 일이 순식간에 일어난 것이라 경황이 없다. 의자에 앉아 정신을 가다듬고 머리 이외에 다친 곳이 없는지 몸을 이리저리 살펴보았다. 다행히 다른 곳은 크게 다친 곳이 없는 것 같다.

119에서 구조 요청을 한 등산객 전화로 위치 확인과 부상 상태를 알아보려고 전화가 온다. 옆에 있던 등산객들은 빨리 오라고 재촉한다. 다른 큰 사건·사고도 많을 것인데 머리가 찢어진 사고로 119에 구조 요청을 하니 자신이 죄송하다는 생각이 든다.

등산객의 도움

함께 도와주었던 등산객들은 안산으로 하산한다고 한다. 그 지역이 안산 담당이라 안산소방서에서 구조에 나섰다. 천천히 걸어서 하산하는 내내 옆에서 배낭도 들어 주고 힘들지 않도록 함께 걸어 주면서 이상이 없는지 계속 확인해 준다. 119 구조대원들과 만나는 곳까지 안전하게 하산하도록 도와준 그분들에게 다시 한번 머리 숙여 감사하다는 말씀을 드린다.

아직 몸의 균형을 잃을 정도로 노쇠한 상태가 아니지만, 사고는 잠시의 방심이 엄청난 결과를 초래할 수 있다. 지난가을 사진 전시회 액자 걸이 작업 도중 회원 한 분이 이동식 작업대 위에서 사진을 걸다가 추락하는 상황이 발생했다. 추락 당시 허리와 머리 일부를 다쳐 병원에 입원하여 치료한 적이 있었다. 그동안 전시회마다 그렇게 작업을 했다. 그런데 처음 사고가 발생했다.

사고는 시간과 장소를 가리지 않는다. 우리나라 산업 현장 재해(災害) 중 추락 사고가 40%를 넘게 차지한다고 하니, 추락은 생명을 앗아 가는 중대한 사고에 해당한다.

오늘도 정상에서 내려올 때 바위 표면 상태가 조금 미끄러울 것이라는 생각은 했다. 그래서 스틱으로 중심을 잡으면서 내려왔다. 그런데 그 생각이 그대로 사고로 이어졌다. 앞으로 고꾸라지면서 얼굴이 바위에 부딪혔더라면 어떻게 되었을까.

생각만 해도 아찔하다. 그런데 어쩐 일인지 미끄러진 부분이 높지도 않았는데 정수리 부분이 바위에 부딪히면서 찢어진 것이다. 다리에도 찰과상을 입었다. 넘어지면서 목도 충격을 받았는지 며칠이 지나니 불편할 정도로 아프다.

불행 중 다행

119 구조대원들은 구조 차량이 있는 곳까지 내려오면서 어지럽지 않은지, 구역질이 나지 않는지, 여러 가지 질문을 한다. 병원 응급실에서도 의사는 같은 질문을 했다. 그리고 머리에 이상이 있는지 CT(Computer Tomography) 촬영을 먼저 하자고 한다. 찢어진 부분의 봉합 수술도 했다. 의사는 수술 도중 CT 촬영 결과 머리에 별다른 이상은 없다고 알려 준다.

이번 사고로 다리에 상처를 입지 않아서 스스로 하산할 수 있었기에 천만다행이라 생각한다. 얼굴에 큰 부상을 입었거나, 다리가 골절되었더라면 상당 기간 병원 신세를 면치 못했을 것이다. 이런 것을 '불행 중 다행이다.'라는 표현을 한다. 스스로 걸어서 집으로 올 수 있었던 것은 사고 현장에서 물심양면으로 도와주신 모든 분의 덕분이라고 생각한다.

머리에 붕대를 감은 모습으로 집에 오니 아내는 깜짝 놀라면서 무슨 일이냐고 한다. 그간의 상황을 간단히 설명하니 "앞으로 산에 가려면 안전한 코스로 반드시 스틱을 가지고 가라."라고 한다.

안전 장비의 중요성

며칠 지난 어느 날 아내는 다시 "앞으로 산에 갈 때는 건설 현장에서 쓰는 안전모를 쓰고 산에 가라."라고 힘주어 말한다. "맞는 말 같은데 그건 산에서 사용하는 물건이 아니다."라고 했지만, 그날 이후 안전모는 머리에서 지워지지 않는 용어가 되었다.

머리에 붕대를 감고 있으니 밖으로 나가 다닐 수가 없다. 일도 보고 사람도 만나야 해서 집에만 있을 수가 없다. 그래서 작은 털모자를 썼다. 그걸 쓰고 다니니 모두 무슨 일이냐고 묻는다. 대답하기가 부끄럽다. 십여 일 동안 이렇게 불편한 생활이 이어졌다.

돌다리도 두들겨 보고 건너라는 말이 있다. 급한 것도 없었는데 천천히 내려오면 되는데 무엇이 자신을 그렇게 만들었을까. 어찌 보면 자만심이리라. 사고는 잠시의 부주의, 안이함에서 발생한다. 항상 돌다리를 두드리는 심정으로 걷고, 매사에 주의를 기울여야 할 것이다.

경기도 안산에 있는 수암봉 정상석 모습. 많은 사람이 오르내리는 곳으로 바위 자체가 미끄러우니 조심해야 할 곳이다.

3.
사과 한 쪽

몸에 좋다고는 모두 알고 있지만

　성서(聖書)의 「천지창조」편에 사과가 나온다. 서양에서는 사과가 선과 악을 표현한다. 유럽 동화에 백설 공주가 있다. 이 동화 속에서도 공주는 독이 든 사과를 먹고 깊은 잠에 빠져든다. 사과는 서양의 설화에 자주 등장하는 과일이다. 만일 우리나라 단군 신화에 곰이 쑥과 마늘 대신에 사과를 먹고 사람이 되었다면 우리의 정서상 공감하기 어려웠을 것이다.
　사과는 우리 몸에 매우 좋은 과일이라고 알려져 있다. 매일 사과 한 개씩 먹으면 의사를 멀리한다는 속담이 있다. 사과에 많이 함유된 안토시안(anthocyan)이라는 성분이 암 예방에 효과가 좋다고 알려져 있다. 그리고 사과의 펙틴(pectin) 성분은 우리 몸의 장(腸)을 약산성으로 유지시켜 주며 유익한 균을 활성화한다고 한다.
　프랑스에 가면 겨울철 길거리에서 뱅쇼(vin chaud)라는 따뜻한 음료를 마시는 모습을 볼 수 있다. 뱅쇼는 포도주에 사과를 비롯한 여러 가지 과일을 넣어서 끓인 다음 저알콜 포도주로 만든다. 포도주에 과일 성분이 녹아 있어서 몸을 따뜻하게 하고 감기 예방에도 효과가 좋다고 알려져 있다.

잊히지 않는 기억

겨울이 다가오니 이처럼 우리 몸에 좋다는 사과의 효능을 몸으로 체험한 잊지 못할 추억이 생각난다. 지금은 추억이라고 이야기하지만 그 당시는 악몽이었다. 어느 겨울날 혼자서 팔당역 뒤에 있는 예봉산과 운길산을 간 적이 있었다. 겨울이라고 하지만 근교 산이라 큰 준비 없이 평상시대로 간단한 배낭을 메고 길을 나선 것이 커다란 실수였다.

계획으로는 예봉산에서 운길산을 거쳐서 수종사로 하산하여, 조안면 소재지에서 늦은 점심을 먹을 수 있을 것으로 예상했다. 양지바른 예봉산 남쪽 경사면은 눈이 녹아서 잘 올라갔다. 그런데 예봉산 정상부터 산길은 생각보다 많은 눈이 쌓여 걷는 속도가 평상시보다 많이 지체되었다. 거기에 더하여 휴일이라 많은 사람이 몰리다 보니 빨리 걸을 수가 없었다.

걷는 속도는 느리지만 능선 길에 쌓인 눈은 그날따라 파란 하늘에 대비되어 보석처럼 빛나고 있었다. 눈길을 배경으로 사진을 찍는 사람들이 많다 보니 좁은 등산길이 더욱 지체된다. 눈 쌓인 겨울 산길은 토끼 길처럼 좁아서 앞 사람을 추월하여 갈 수 있는 상황이 아니다.

탈수 증상

운길산은 아직 멀었는데 시간은 벌써 정오를 넘기고 있다. 점심도 준비하지 않은 상황이라 배낭에 있는 먹거리는 모조리 꺼내서 청소하듯 먹는다. 그래 보았자 과자 몇 개가 전부였다. 거기다가 물도 작은 병 하나만 준비한 것이라 벌써 동이 났다. 걷는 것이 힘들다는 것을 몸이 먼저 신호를 보낸다. 이미 중간 탈출로를 지나서 걷고 있으니 끝까지 운길산 정상까지는 가야 한다.

산길을 걷는 발걸음이 너무 무겁게 느껴진다. 평상시라면 가벼운 배낭이었겠지만 힘이 드니 등에 붙어 있는 모든 물체가 버겁다. 운길산 정상이 저만치 눈앞에 보이는데도 거리가 좁혀지질 않는다. 목이 갈증으로 타들어 간다. 등산길에서 다른 사람들에게 물을 달라고 하는 것은 실례가 된다. 하지만 몸이 힘들다 보니 반대편에서 오는 등산객에게 물이 있으면 조금 달라고 요청했다. 그들도 물이 부족한지 물이 없다고 하면서 그냥 스쳐 지나간다. 나의 준비 부족이니 누구를 탓할 수도 없다.

길옆에 쌓인 하얀 눈의 윗부분을 조금 걷어 내 본다. 깨끗하리라 생각하고 속에 있는 눈을 손으로 떠서 먹으려는데 먼지가 너무 많이 보인다. 도저히 먹을 수가 없다. 평소에 깨끗하게 보였던 눈이 이처럼 가까이에서 보니 많은 먼지를 품고 있다는 사실에 놀랐다.

그도 그럴 것이 눈은 내리면서 대기 중에 떠 있는 각종 미세 먼지와 함께 내린다. 비도 같은 이치다. 처음에 내리는 비나 눈은 가급적 맞지 않는 것이 건강에 좋다는 것을 확인하는 계기가 되었다. 사람도 이해관계가 없을 때는 흠이 없어 보이지만, 뭔가에 엮이게 되면 평상시 보이지 않던 단점이 보이듯 눈도 똑같았다.

운길산 정상은 완만한 오르막길이다. 그런데 눈 때문에 두 걸음 내딛고 한 걸음 뒤로 밀리고를 얼마나 반복했을까, 드디어 정상에 도착했다. 늦은 시간이라 그런지 정상은 조용하다. 더는 걸을 힘이 없다. 차가운 눈 위에 배낭을 깔고 나무에 기대서 한참을 쉬었다. 쌓였던 피로가 서서히 몰려오고 있는 기분이다. 아마도 따뜻한 햇빛이 비쳤으면 곤하게 한잠을 잤겠지만 날씨가 추우니 잠을 잘 수가 없다.

저체온 현상

 추운 겨울날 몸 안의 에너지가 부족하게 되면 저체온 현상이 나타난다. 저체온 현상이 생기면 머리는 움직이지 말고 잠을 자도록 명령한다. 만일에 그때 거기서 그대로 잠들었다면 저체온 현상으로 아무런 고통 없이 조용하게 세상과 이별했을 것이다. 여름철에도 마찬가지다. 고산지대로 올라갈수록 온도가 떨어지는데 만일 우비 없이 소나기라도 맞으면 위험에 처할 수 있다.
 그렇게 앉아서 한참을 쉬고 있는데 사람들이 정상으로 올라오고 있는지 두런거리는 소리가 들린다. 신은 아직 나그네를 하늘나라로 부를 때가 되지 않았는지 잠을 허락하지 않았다. 눈을 뜨니 두 사람이 올라오고 있다. 그들은 정상에 앉더니 배낭에서 먹을 것을 꺼낸다. 옆에 앉은 나에게도 사과 한 쪽을 주면서 먹으라고 한다. 감사하다는 말을 할 기운도 없다. 너무 맛있다. 사탕처럼 입속에서 녹는 기분이다. 그제야 전후 사정을 이야기하니 가지고 온 물도 한 컵 준다. 그들은 간식을 먹고 잠시 쉬더니 다시 수종사로 내려갔다.
 어쩐 일인지 사과 한 쪽을 먹고 물 한 컵을 마셨는데 지쳐 가던 온몸이 갑자기 마약을 흡입한 듯 힘이 솟는 기분이다. 사과 한 쪽이 이런 힘을 주는 것일까. 사과는 진정 우리 몸에 '백익무해(百益無害)'한 과일임에는 틀림이 없다는 것을 몸으로 느꼈다. 점심도 먹지 못하고 눈길에 지친 몸을 이끌고 왔던 나그네를 사과 한 쪽이 살린 것이다.

감사하는 마음

　서쪽으로 기우는 해를 바라보면서 수종사로 하산하는 발걸음이 가벼워진다. 단숨에 수종사로 내려와 샘물 한 바가지를 들이켰다. 추운 겨울이지만 물맛이 이렇게 좋은 줄 다시 한번 깨달았다. 세상사 모든 것에 감사할 줄 아는 마음을 가지라는 성현(聖賢)의 가르침을 새삼 터득하게 된다.
　그때도 그렇고 지금도 그렇지만 남들보고 산에 갈 때는 항상 필요한 먹거리를 잘 챙겨 가라고 이야기한다. 그런데 자신이 왜 이런 소중한 충고를 망각하고 커다란 난관에 봉착했는지 이해가 가질 않았다.
　산이란 늘 존경의 대상이다. 자연은 우리가 정복해야 할 대상이 아니고 함께해야 할 대상이다. 사람이든 자연이든 늘 존경하는 마음이 행복한 삶을 지켜 주는 것이다. 겨울철이다. 추운 겨울날 어디를 가더라도 거기에 알맞은 준비와 복장을 하고 길을 나서야 한다. 그래야 안전한 산행이 보장된다. 그때를 생각하면서 사과 한 쪽을 주신 그분들에게 다시 한번 감사하다는 말씀을 드리고 싶다.

어느 봄날 경기둘레길을 걸으면서 쉬고 있는데 잔디밭 한구석에 할미꽃이 피어 있었다. 두 꽃송이가 고개를 숙인 채 서로 다른 방향을 바라보고 있다. 처음 본 남녀가 서로 부끄러워하는 모습이다.

4.
가야산 남연군묘

2대에 끝날 것을 그리도 욕심을 내었던가

일상이 고달픈 백성들의 속내와는 달리 자연은 아무런 말이 없다. 금년 봄은 유난히 화창한 날이 많고, 봄꽃도 흐드러지게 피고 있다. 꽃은 우울한 백성들의 마음을 달래 주는 듯 오랫동안 그 모습을 지키려고 애쓰고 있다.

거기에 더하여 기온도 밤낮으로 적당하게 유지되고, 봄비도 많이 내리지 않으니 순식간에 가 버리는 벚꽃도 열흘이 넘도록 화려한 자태를 뽐내고 있다.

그 와중에서도 역병을 예방해야 하는데 너무 많은 사람이 한꺼번에 꽃을 보려고 찾아오면 없던 역병도 생긴다 하여 애꿎은 꽃밭을 갈아엎어 버리는 슬픈 일도 일어나고 있다. 이 또한 영겁(永劫)의 세월에 비하면 순간에 지나갈 것이리라.

꽃비가 내리는 따스한 봄날 이른 아침, 버스는 햇살을 가르면서 예산에 있는 가야산(해발 678m)으로 가고 있다. 가야산은 서산과 예산의 경계를 이루고 있는 산이다. 이 산은 석문봉을 비롯한 여러 봉우리를 거느리고 있어서 풍광이 아름답다. 그리고 이 산자락에는 욕심을 부리지 말고 마음을 열고 살라는 뜻으로 개심사(開心寺)라는 절도 있다.

주변을 보면서 걷다

　버스는 서해안 고속 도로를 거침없이 달려서 9시 조금 안 된 시간에 상가리 주차장에 도착한다. 주차장을 조금 지나면 남연군묘가 보인다. 역사적인 유적에 관심이 없이 산만 쳐다보고 가면 거기에 무엇이 있는지 알지 못한다. 사람의 마음은 자신이 보고자 하는 만큼 보이는 것이다.

　이곳은 조선 말 흥선대원군 이하응이 경기도 연천에 있던 부친의 묘소를 이장한 곳이다. 묘지 자체는 평범하게 보이지만 조선의 유명한 풍수사가 점지한 명당 중의 명당이다. 풍수를 처음 배우는 사람들은 동작동 국립묘지에 있는 중종의 후궁인 창빈 안씨(선조의 어머니)의 묘소를 찾아서 명당의 형국(形局)을 배운다. 만일 남연군묘가 서울 근교에 있었다면 이곳 또한 그런 교육 장소로 각광받았을 것이다.

　어느 시대나 한 나라가 사라지고 새로운 나라가 싹 틀 무렵에는 각종 부패와 정권의 무능이 두드러지게 나타난다. 거기에 더하여 전국적으로 민란(民亂)이나 혹세무민(惑世誣民)하는 종교도 태동하게 된다.

　조선 말에도 막강한 외척 세력으로 왕권이 무너지고, 삼정(三政: 환곡, 전정, 군정)이 문란해지면서 부정부패가 극치를 이루고 있었다. 남연군묘소를 이장한 지 170여 년이 지난 지금 그곳에 올라서면 그 시대 백성들의 삶이 얼마나 곤궁했을지 눈에 보이는 듯하다.

　민초(民草)들의 애달픈 삶에는 안중에도 없고, 왕권 회복이라는 명목으로 오로지 자신만의 부귀영화를 위하여 부친의 묘 이장지를 찾아 나선 흥선군의 속내는 무엇이었을까.

왕권 몰락

조정은 힘이 없고, 외척이 전횡(專橫)하는 상황에서 외세의 침입이 수시로 감지되지만, 조정은 어디로 가야 할지 갈피를 못 잡고 있었다. 그러한 시대적 배경에는 안동 김씨라는 외척 세력이 있었다. 그들에 의해 왕권이 좌지우지(左之右之)되어 왕손인 흥선군도 그들보다 못한 신세로 전락하고 말았다. 이런 틈바구니 속에서 흥선군은 살아남기 위하여 자신의 위치를 낮추면서, 때로는 미친 사람 행세를 하기도 했다.

그는 외척의 폐해를 방지하기 위해 아들의 배필은 권세와 거리가 먼 여흥 민씨 집안의 규수를 며느리로 맞아들였다. 그 며느리 또한 후일 안동 김씨 못지않게 막강한 권력을 휘두르리라는 것을 아무도 예상하지 못했을 것이다.

그러한 세도정치 속에서 조선 왕조의 적손(嫡孫)들은 귀양을 가거나 중상모략으로 죽임을 당하여 임금의 대를 이을 왕실 인척들이 없었다. 오죽하였으면 강화도에서 글자도 배우지 못하고, 평민처럼 농사를 짓던 이원범(강화도령)이 졸지에 25대 임금인 철종으로 옹립되는 일도 벌어졌다.

그 역시 자신의 의지와는 무관하게 안동 김씨가(安東 金氏家)의 여인과 혼인하였다. 재위 14년간 불편한 왕의 지위를 누리던 철종도 정치는 제대로 펼쳐 보지도 못하고 한 많은 세월을 술로 보내다가 서른둘에 세상을 뜨고 말았다.

그러한 시대에 흥선군은 조선에서 내로라하는 풍수가를 앞세워 전국의 명당을 찾아 나선 결과 후대에 발복(發福)한다는 명당을 찾았다는 소식이 들려왔다. 풍수사는 흥선군에게 가야산 동쪽에 2대에 걸쳐 천자가 나는 자리(二代天子之地)가 있고, 오서산에는 만대(萬代)에 영화를 누리는 자리(萬代榮華之地)가 있다고 알려 왔다. 흥선군은 한 치의 망설임도 없이 천자(天子)가 나오는 자리를 택했다.

명당에 눈멀다

명당이라 알려진 가야산에는 고려 때부터 내려오는 가야사(伽倻寺)라는 절이 있었다. 흥선군은 고민에 빠졌다. 그래서 절에 있는 스님들을 쫓아내고 절에 불을 지르고, 그 자리에 아버지의 묘소를 이장하려고 하였다. 조선 말 세도 정치가 막강하였다 하지만 절을 불태우고 아버지의 묘지를 이장하여 천자를 내려 했던 흥선군의 야욕은 눈치채지 못했을 수도 있었다.

명당이라고 지목한 가야사의 절 뒤에는 금탑도 있었다. 보통 탑의 위치는 절 앞에 있는 것이 대부분인데 이 탑은 절 뒤에 있었다. 흥선군도 풍수에 일가견이 있어서 탑의 위치가 범상한 자리가 아니라는 것을 알았다. 그는 다음 날 탑을 부수려고 하였는데, 전날 밤 꿈에서 탑신(塔神)이 나타나서 "왜 나를 부수려고 하는가."라고 하면서 꾸짖었다.

야망을 버리지 못한 흥선군은 탑을 허물고 묘 터를 파기 시작했다. 묘지의 광(壙)을 파려고 정(釘)으로 바위를 부수려고 하니 탑신이 노하여 정이 튀면서 바위를 팔 수 없었다. 흥선군은 하늘에 대고 "왜 하늘은 나의 꿈을 이룰 수 없게 하는가."라고 외쳤다. 그랬더니 잠시 후 바위가 갈라지면서 묘 터를 팔 수 있었다는 이야기가 전설처럼 전해지고 있다.

1845년(헌종 11년)에 가야사를 불 지르고 탑을 부순 후 경기도 연천에 있는 부친 묘소를 이장하였다. 이장 때 흥선군은 후일에 묘지의 훼손이 우려되었다. 당시 단단한 석회석으로 주변을 처리하였기에 1868년 독일인 오페르트가 도굴을 시도하였지만 실패하고 말았다. 이 역시 미래를 내다본 예지(銳智)가 있었는지는 알 수 없다.

어떻든 흥선군은 남연군의 묘소를 이장하고 7년 후 차남을 낳았다. 철종의 뒤를 이어 열두 살에 임금에 등극하게 되는데 그가 고종이다. 그리고 다시 고종의 뒤를 이은 사람이 순종이다. 그래서 이대천자지지(二代天子之地)라는 풍수의 예언이 맞아떨어졌다. 흥선군은 2대에 걸쳐 천자(天子)를 냈지만 쓰러져 가는 조정은 바로잡지 못하고 서서히 종말로 가고 있었다. 모든 자리는 거기에 맞는 임자가 따로 있다고 한다. 만대영화지지(萬代榮華之地)에 묘를 이장했더라면 흥선군의 가문은 어떠했을까.

명당의 조건

풍수에 관심이 있는 사람이라면 그곳이 명당이라는 것을 금방 알 수 있다. 동남향 양지바른 곳에 자리한 묘소 주변으로 가야산, 석문봉, 옥양봉이 둘러싸고 좌측으로 서원산과 우측으로 원효봉이 감싸고 있다. 그리고 옥양봉과 가야산에서 흘러내리는 물줄기는 남연군 묘소를 휘감아 돌아 남쪽에 있는 옥계저수지로 흘러든다.

이 물은 삽교천을 지나서 서해로 흘러간다. 산과 물이 조화를 이루는 곳이다. 독일인은 이 물길을 이용하여 지금의 행담도에 모선(母船)을 기착시키고 작은 배로 예산군 구만리까지 들어와서 도굴을 감행했던 것이다. 바다와 연결된 물길은 선진국의 문물을 받아들이는 작용도 했지만, 이런 도굴꾼들에게는 역작용도 했던 곳이기도 하다.

묘소 좌측의 서원산 남쪽 기슭에는 보덕사(報德寺)가 있다. 이 절은 1865년(고종 2년)에 세워진 절로 남연군의 묘소를 이장하면서 폐허가 되었던 가야사의 뒤를 승계하도록 하였다. 남연군 묘소 좌측 산기슭에 미륵불이 있다. 이 미륵불은 바라보는 모양이 산을 보고 있는 형상으로 일반적인 배치 방식과 다르다. 그래서 전해 내려오는 이야기가 있다. 그것은 명당의 기(氣)가 골짜기로 빠지는 것을 막아 주는 비보(裨補)로 설치되었다는 설과, 다른 하나는 가야사의 파손된 금탑이 노하여 돌아앉았다고 하는 이야기가 있다.

그렇게 절을 불태우고 그 자리에 아버지의 묘(墓)를 이장하였지만, 조선의 조정은 앞을 내다보지 못하는 무능한 관료와 실추된 왕권으로 인하여 서서히 저물어 가고 있었다. '정병석' 작가가 지은 『조선은 왜 무너졌는가』에서도 그 원인을 여러 가지로 분석했다. 어느 나라나 비슷하지만, 조선도 관존민비 사상에 기인한 관리들의 부정부패가 멸망의 원인 중에 하나라고 진단했다. 이러한 부정부패는 백성들에게 피눈물 나는 고통을 안겨 주게 된다. 국가가 백성들의 지지를 받지 못하면 등을 돌리게 된다. 미륵불이 왜 등을 돌리고 산을 바라보고 있는지 곰곰이 헤아려 보면 금방 답이 나온다.

자신만의 부귀영화를 위해 백성은 안중에도 없는 무지한 권력자 때문에 온전하던 국가는 서서히 무너지게 된다. 백여 년이 지난 지금도 그런 일들이 종종 일어나고 있는 것을 보면 역사는 되풀이된다는 진리가 맞는 말인 것 같다.

남연군 묘소의 모습. 묘소 건너편으로 자그마한 안테나가 보이는 봉우리가 가야산 정상이다.

5.
풍수지리

들고 나는 모든 자리는 임자가 따로 있다

모든 사람은 생로병사의 과정을 거치면서 한 줌 흙으로 돌아간다. 그 과정은 단순히 흙으로 돌아가는 것이 아니고 일반적인 상식으로 풀 수 없는 영적인 철학이 결부되어 있다. 우리는 그것을 풍수지리라고 했다. 우리의 선조들은 돌아가신 조상에 대해서도 효(孝)의 예(禮)를 다했다. 그러한 풍습이 통일 신라 시대 도선국사(道詵國師)가 풍수지리설을 설파하면서 민간인에게도 큰 영향을 미쳤다. 이러한 이론은 현재까지도 신봉되고 있고, 사실적으로 입증되고 있다.

과거 노량진 성당 임응승(林應承) 신부님은 추(錐) 하나로 수맥을 찾으면서 신부지관(神父地官)이라는 이야기를 듣게 될 정도로 풍수에 일가견이 있었다. 1986년 신부님이 쓰신 『수맥과 풍수』라는 책에서도 조상의 묫자리로 인하여 나타나는 여러 가지 고통을 실증적으로 해결한 사례들이 많이 기록되어 있다.

풍수(風水)란 무엇인가. 풍수는 바람을 막고 물을 얻는다는 '장풍득수(藏風得水)'의 줄임말로 자연에 대한 일종의 신앙이라고 할 수 있다. 사람들은 조상의 시신을 땅에 묻으면 유골이 생기(生氣)를 타고 동기감응(同氣感應)을 한다고 믿고 있다. 즉 혈족에게 영향을 끼친다는 신앙이다.

풍수는 두 가지 설이 있다. 하나는 풍수가 자연적 역학 관계 때문에 인간에게 영향력을 미친다는 것이고, 다른 하나는 죽은 자가 자연에 대한 만족, 불만족의 감정이 후손에게 미친다는 것이다.

묫자리만 생각하는 풍수

우리는 '풍수' 하면 으레 조상의 묫자리만 생각하게 되는데 음양에서는 음택풍수(陰宅風水)와 양택풍수(陽宅風水)가 있다. 음택풍수는 죽은 자의 묘지와 관련된 것이고, 양택풍수는 주택 및 도시와 관련된 것이다. 따라서 국가적 차원에서 보면 양택풍수가 중요시되고 민간 부문에서 보면 음택풍수가 중요시된다.

어떻든 풍수는 살아생전 부모에 대한 효의 내용과는 무관하게 돌아가신 조상의 시신, 특히 유골의 보존 상태에 따라 후손에게 영향을 끼친다는 이론이다. 그러므로 이 주장은 자손이 돌아가신 조상을 이용하는 논리에 이르게 되므로 풍수는 조상에 대하여 불효(?)라고 생각할 수도 있다. 그런데 현실의 풍수는 조상 숭배의 간곡한 표현처럼 인식되고 있어서 설명이 어려워진다. 어쩌면 조상은 죽어서도 자손에 대한 사랑을 표현한다고 역설적으로 설명할 수 있다.

현재 풍수와 관련된 서적들이 많이 출판되어 있다. 학문에 관련된 연구서의 발간은 권장할 만하다. 그러나 특별한 노력이나 땀의 결실 없이 요행을 바라는 인간의 심리에 편승하여 수십 종의 책이 범람한다는 것은 그리 바람직하지 않은 일이라고 할 수 있다. 이러한 관련 서적 중에서 현재까지 가장 실증적으로 접근한 책이 『조선의 풍수』라는 책이다.

조선의 풍수

이 책은 일제 강점기 시대 조선총독부에서 위촉한 저자 '무라야마 지준(村山知順)'에 의해 1931년에 간행된 책이다. 일본이 조선을 식민지화하는 과정에서 민족의 정신 지주인 전통문화를 말살하여 한반도를 정신적으로 지배하고자 저술한, 지극히 의도적으로 기획한 책이다. 어떻든 이 책은 조선총독부에서 정치적 목적으로 발간하였지만, 국내에 복사판과 번역본이 출간될 정도로 일반인들에게 인기가 있었고, 지금까지 발행된 관련 서적 중에서 상당한 연구 자료로서의 가치가 있다고 알려져 있다.

풍수는 원래 중국에서 전래된 것이라는 것이 정설이지만 오늘날까지 우리의 민간 신앙으로 뿌리 깊게 자리하고 있다. 풍수설이 왕성했던 고려 시대의 훈요십조(訓要十條)에서 보듯이 국가적 이념으로 채택되면서 후일 '묘청의 난'이라는 역사적 오점을 남기게 된다.

결국에는 그것으로 고려의 왕권이 약화될 정도로 정치 분야에 강력한 영향을 끼쳤다. 이런 폐단이 있었음에도 불구하고 풍수설이 신라 말에서 고려 초, 고려 말에서 조선 초 그리고 조선 말에 이르기까지 정치 일선에 참여했던 당대의 풍수 사상가들이 국토를 개관하던 안목이 얼마나 깊었는지를 알 수 있다.

역사적으로 볼 때 하나의 국가가 멸망하고 새로운 이념의 국가가 형성되는 과정에서 두드러지게 이러한 사고(思考)가 등장하고 있다. 이것은 국가 변혁, 즉 정치 변혁의 필연성을 풍수설로 덮어 버리려고 하는 당대 정치가들의 깊은 의도가 숨겨져 있다고 볼 수 있다.

의도적인 결론

『조선의 풍수』라는 책에서도 결론은 조선의 식민지화가 오래전부터 예견된 일이라고 결론을 내리고 있다. 이렇듯 일제는 경술국치(한일합병) 후에는 우리 민족의 정신적 지주였던 조상을 모시던 풍습을 송두리째 뿌리 뽑기 위하여 '묘지 및 매장에 관한 법률'을 만들어 묘지로 쓸 수 없는 산을 선정하여 모든 묘는 공동묘지를 사용하도록 강제하였으며, 이를 위반하면 체형을 가할 정도로 민족정신의 말살을 기도하였다.

어떻든 풍수라는 것은 우리 조상들의 현명한 지혜가 흘러넘치는 하나의 민간 신앙으로 오늘날에도 우리의 현실에서 귀담아들어야 할 내용이 많다. 과거에 비하여 사람들의 인식이 많이 달라졌지만 지금도 가급적이면 화장보다는 매장을 선호하고 있다. 그것은 죽음이라는 것이 태어난 곳으로 되돌아간다는 것이며, 장례는 모체(母體) 속으로 들어간다는 의식이며, 환생(還生)의 관념으로 보았기 때문이다.

현대의 풍수는 우리 문화에 대한 새로운 인식을 갖게 해 주며, 땅은 인간과 함께 공존하는 인격체임을 가르쳐 준다. 다만, 예나 지금이나 우리가 알아야 하는 것은 풍수를 이기적인 속신(俗信)으로 오해하여 그 윤리성을 잃게 되는 경우가 많다. 땅 팔자와 사람 팔자는 서로 맞아야 한다. 그래서 진실로 착한 사람에게는 풍수가 필요 없다고 이야기하고 있다.

땅이란 인류를 지키며 살아가는 사람들의 터전이라고 할 수 있다. 사람의 사람다움을 하늘은 이미 알고 있는데 하물며 땅에 있어서도 그 무엇이 다르겠는가. 그런데 그렇지 않은 부류들이 많다.

몇 년에 한 번씩 치러지는 선거철만 되면 조상의 묫자리에 관심들이 많다. 곤궁한 백성들의 근심에는 안중에도 없고 부질없는 일에 매몰되어 있다. 이러니 부모에 대하여 살아생전 효도보다는 자신의 부귀영화에만 더 매달리니 조상을 이용한다는 오해를 받게 되는 것이다.

현대사에도 정치적인 위기가 오면 수도 천도론이 고개를 들고 있다. 지금은 왕권사회가 아니다. 천도(遷都)는 충분한 검토와 국민적 논의를 거쳐서 진행하는 것이 바람직하다. 정치적 이해관계에 따라 손익을 계산하는 것을 보면 예나 지금이나 달라진 것은 아무도 없는 것 같다.

명심보감에 '만사분기정(萬事分己定)이어늘 부생공자망(浮生空自忙)이라'라고 했다. 격에 맞지 아니한 과욕으로 화를 자초하느니 작은 행복이라도 소중하게 여길 줄 아는 겸양(謙讓)이 필요한 시대다. 우리는 선조(先祖)들에게 물려받은 아름다운 자연환경에서 행복하게 살아가길 원한다. 그러기 위해서는 살아생전 남에게 많은 선행을 베풀어 먼 훗날 지기(地氣)를 느낄 수 있는 곳에서 영면(永眠)할 수 있도록 스스로 노력해야 하지 않을까.

태백산 주목 군락지. 살아 천 년 죽어 천 년이라고 하는데, 지금은 몇 그루 남아 있지 않다. 나무도 억겁의 세월을 이기지 못하고 사라지고 있다.

6.
책 읽기 좋은 계절

모든 지혜와 지식은 책에서 나온다

　대도시에 거주하는 사람들은 이동 수단으로 대부분 전철을 많이 이용한다. 약속 장소에 가려면 가장 정확한 교통수단이 전철이다. 전철을 타 보면 거의 모든 사람은 스마트폰을 들여다보고 있다. 책을 읽고 있는 승객은 눈을 씻고 찾아 봐도 찾을 수 없다. 물론 스마트폰으로 전자책을 들여다볼 수도 있다. 전철을 타고 눈만 감고 가기엔 무료하다. 그렇다고 앞에 앉아 있는 상대방을 쳐다보면 치한(?)으로 몰릴 수 있다. 그러니 자연스레 스마트폰에 눈이 가기 마련이다.

스마트폰의 명암

　스마트폰은 요술방망이처럼 세상의 모든 지식과 소식을 알려 주는 만능 로봇이다. 일정한 요금만 지불하면 궁금한 것을 금방 알 수 있는 세상이 되었다. 수많은 세월 동안 쌓인 지식과 기술이 더는 책을 읽지 않아도 되는 시대가 되었다. 과거 스마트폰이 없던 시절에 전철을 타면 책을 읽거나 신문을 보는 사람들이 많았다. 짧은 시간에 전철 안에서 간단하게 읽을 수 있는 타블로이드판의 무료 신문도 제공되었다. 그러면서 내려야 할 역이 다가오면 읽다가 버려진 신문을 수거하여 용돈을 마련했던 사람들도 있었다.

　스마트폰이라는 만능 재주꾼이 보급되면서 독서는 물론이고, 타블로이드판의 신문도 자취를 감추었다. 거기에 더하여 전철에서 구걸하던 걸인들도 함께 사라졌다. 사람들과 시선을 맞추어야 적선하고자 하는 마음이 생기는데 스마트폰을 들여다보느라 숫제 시선을 맞추지 않으니, 수입이 대폭 감소되었다. 그래서 그런 직업(?)도 사라졌다.

독서율이 떨어진다

　2021년 우리나라 국민 독서 실태 조사에 의하면 연간 성인 평균 4.5권, 초중고 학생 평균 34.4권으로 2년 전보다 성인은 3권, 학생은 6.6권이 감소했다고 발표했다. 학생들이 이렇게 많은 것은 학습용 참고서가 포함되어 있기 때문이다.

　일반인의 독서량이 적은 원인은 일, 다른 콘텐츠 이용, 스마트폰이나 게임 등으로 독서 시간이 줄었다고 했다. 대학도 마찬가지이다. 도서관이 있지만, 책을 빌려서 보는 학생들이 적어서 책 기증도 받지 않고 있다. 전공 서적은 두고두고 보아야 할 책이지만 필요하면 중요한 부분만 복사해서 보고, 그것도 귀찮으면 스마트폰으로 찍어서 보고 있다. 수업 시간에 필기하는 학생도 있지만, 대부분은 칠판의 내용을 스마트폰으로 찍어서 노트로 대체한다.

　중국 당나라 시인 두보(杜甫)는 그의 시에서 '남아수독오거서(南兒須讀五車書)'라는 유명한 말을 남겼다. 인공 지능이 두각을 나타내는 이 시대에도 통용되는 명언으로 모든 사람에게 큰 울림을 주는 말이다. 평소에 사람들이 얼마나 많은 책을 읽어 보았는지에 따라 그 사람의 인생관이 달라진다고 했다.

독서하기 좋은 분위기

나그네는 전철로 출퇴근을 하던 시절에 책을 많이 읽었다. 그것이 습관이 되어서 그런지 요즘도 가방에는 책 한 권은 넣고 다니면서 틈틈이 읽고 있다. 이런 습관이 이제는 전철을 타고 등산을 갈 때도 배낭에 책 한 권은 넣고 다닌다. 이렇게 책과 가까이하다 보니 글도 자연스레 쓰게 되었다.

처음 글을 쓸 때는 말이 글이지 초등학생 수준이었다. 연필을 들고 글을 쓰려면 한 줄 쓰기가 어려웠지만, 자꾸 쓰다 보니 문장이 되고 글이 되었다. 우연한 기회에 문학회에 가입하여 글쓰기 공부를 했다. 이렇게 쓰고 배우다 보니 수필 분야에 등단도 하게 되었다.

원래 '수필'이란 것이 '무형식이 형식'이라 했다. 그런데 그것이 말이 무형식이지 글을 써 보면 생각보다 어렵다는 것을 알게 된다. 다른 작가들이 쓴 글을 읽어 보면 그 작품을 쓰기 위해 얼마나 많은 고뇌를 했을 것인지 이해를 할 수 있게 된다.

처음 글공부를 할 때는 유명한 작가의 글을 필사(筆寫)하면서 글쓰기 실력을 차차 높여 갔다. 모든 것이 출중(出衆)하다면 워드프로세서로 직접 작문할 수도 있지만 직접 손으로 써 봐야 글맛이 난다. 그런 과정을 거치다 보면 글다운 글이 써지게 된다.

지혜는 책에서 나온다

이제 계절이 변하고 한 해를 마무리하는 시간이 다가온다. 중국 송나라 유학자 주희(朱熹)는 '계전오엽기추성(階前梧葉己秋聲)'이라 했다. 봄인가 했는데 벌써 가을이 왔다. 바람에 이리저리 쓸려 가는 낙엽을 보면서 감성(感性)이 없는 식물도 잡을 때를 알고 놓을 때를 안다고 생각하니 그저 고개가 숙여질 뿐이다.

만남과 떠남이 교차하는 계절이다. 다가오는 봄을 위해 나뭇가지는 잎을 놓았고, 잎은 나무를 위해 떠날 줄을 알았다. 자연의 이치가 이러한데 사람들은 욕심 때문에 놓을 줄 모르고 집착만 하고 있다. 집착은 괴로움을 낳고, 이것이 도를 넘으면 사람의 눈을 멀게 한다.

우리의 인생은 어차피 빈손으로 돌아가게 된다. 버리는 만큼 얻을 수 있다고 했다. 가치 있는 것을 얻기 위해 불필요한 것을 버릴 줄 아는 지혜가 필요하다. 그 지혜는 책에서 나온다. 옛날이나 지금이나 귀가 아프도록 듣는 말이 책을 많이 읽으라는 것이다. 책 속에 진리가 있기 때문이다. 가을이다. 가을은 독서의 계절이다. 떨어지는 나뭇잎을 보면 자신을 돌아보게 된다. 그런 마음은 책에서 나온다.

현대를 AI(artificial intelligence, 인공 지능) 시대라고 한다. 모든 일은 컴퓨터가 해결해 준다고 하지만 사람의 감성은 컴퓨터가 해결해 줄 수 없다. 많은 책을 읽고 글을 쓰다 보면 인공 지능이 해결할 수 없는 인간의 감성을 보살피고 보듬어 줄 수 있는 혜안(慧眼)이 생기는 것이다. 시간은 금방 지나간다. 이 계절에 기계가 알지 못하는 감성을 가슴으로 느끼기 위해 부지런히 책을 읽어 보면 어떨까.

제주올레길을 걸을 때 방목(放牧)하던 말을 촬영한 사진이다. 제주 영주십경(瀛州十景) 중에 고수목마(古藪牧馬)라는 말이 있다. 한라산 자락 초원 지대에서 말을 놓아기르거나 그 말을 지켜보는 것을 의미한다.

7.
손자 돌보기

오면 반갑고 가면 더 반갑다

    2020년 우리나라 합계 출산율이 0.84명 수준까지 떨어졌다고 한다. 숫자로 따지면 한 해 27만 명이 태어났다. 1960년에는 100만 명이 넘게 태어났다. 그때와 비교하니 3분의 1에도 미치지 못하고 있다. 이유는 여러 가지가 있을 수 있다. 경제가 발전하고 생활 수준이 높아지면서 맞벌이 부부가 늘어나고, 자연스럽게 결혼 연령도 높아졌다. 거기에 더하여 육아의 어려움, 주거 마련 비용 증가, 과다한 교육비 부담 등이 이러한 현상을 부채질하고 있다.

    출산율이 떨어지니 인구가 자연스레 감소하게 된다. 인구가 감소하면 젊은 세대가 노년 세대를 부양하는 숫자가 더 늘어나게 된다. 지금도 노소간에 여러 가지 갈등이 생기고 있는데, 그때가 되면 노년층은 지금보다 더 귀찮은 존재가 될 수도 있다. 감소된 인구수만큼 산업의 후퇴는 물론이지만 국가 경제도 쇠락할 것이다.

    선거철만 되면 자녀 수당을 지원해 주겠다고 한다. 그렇게 돈을 주고 해결된다면 얼마나 좋겠는가. 근본적인 원인을 파악하고 거기에 알맞은 정책을 펼쳐야 하는데, 손쉬운 현금 뿌리기 같은 선거용 공약만 쏟아 내고 있다. 우리는 다른 나라에 비하여 인구 절벽 현상이 심각한데

이에 대하여 깊은 고뇌를 하는 모습이 어디에도 보이지 않으니 답답하기만 하다.

손자의 함께

얼마 전 한 살 반 정도 된 손자와 함께 보름 정도 생활했던 적이 있었다. 부모의 손을 떠나 오로지 조부모와 함께 생활한다는 것이 쉽지 않다는 것을 손자도 동물적인 감각으로 알고 있는 듯했다. 아침에 일어나면 기저귀 갈고, 밥을 챙겨 주고 나서야 식사를 할 수 있다. 아이는 아침을 먹고 나면 잠시도 쉬지 않고 이리저리 걸어 다니니 시선은 늘 손자에게 가 있다. 손자를 보는 동안에는 다른 일을 할 수가 없다. 그러니 식사 시간이 들쭉날쭉하다. 간식도 챙겨 주어야 하고 밀린 일도 해야 한다.

잠시 칭얼거리면 안아 줘야 하고, 날씨가 따뜻하면 밖으로 데려가 놀아 줘야 한다. 신체가 건강하면 손자를 번쩍 안아 줄 수도 있지만, 이제는 그것마저도 쉽지 않다. 팔다리와 허리가 아플 지경이다. 며칠 지나면 온전히 손자를 돌봐 주기가 쉽지 않다는 것을 알게 된다.

조부모들의 손주 자랑

나이 든 사람들끼리 모이면 스마트폰에 저장된 손주들의 사진을 보면서 자랑한다. 이런 일이 워낙 많이 일어나다 보니 그네들끼리 하는 이야기가 있다. 손주 사진 자랑하면 만 원, 동영상 자랑하면 삼만 원씩 내고 자랑하라고 한다. 어쩌면 자식보다 손주가 더 귀엽고, 사랑스럽기 때문이리라.

내 자식 낳고 키울 때는 정신없이 생활했던지라 얼마나 귀여운지 그 가치를 알지 못했는데, 나이가 들어 마음의 여유가 생기니 어린 손주의 귀여운 재롱이 온전히 눈에 들어오는 것이다. 그 손주를 통하여 자식의 어린 시절 모습이 생각나고, 그때의 일들이 머릿속에 그려지니 더 아름다운 것이리라. 그런데 이런 모습들도 하루 이틀 지나고 나면 몸이 지치게 된다. 그래서 하는 말이 '오면 반갑고, 가면 더 반갑다.'라는 말이 나오는 것이다.

부모가 자식을 돌보기도 쉽지 않은데, 조부모가 손주를 오랜 시간 돌본다는 것이 말처럼 쉽지 않다. 그런데 이런 일이 우리 주변에 다반사로 일어나고 있으니, 조부모의 노후 생활은 엉망이 되는 것이다. 자신의 시간은 물론 건강도 나빠지는 것이다.

그동안 정기적으로 만나던 친구들의 모임이나, 자주 하던 운동을 중지해야 한다. 매일 움직이던 근육들의 활동이 중단되니 몸에서 부작용이 나타난다. 조부모 둘이 오전과 오후의 역할을 나누어서 하게 되는 경우도 있지만, 그 또한 쉽지 않다. 노부모들의 세대는 남자와 여자의 역할이 분명했던 시기의 사람들이다. 그래서 할아버지가 육아를 한다는 것이 더더욱 쉽지 않다.

준비된 식사를 하고 같이 놀아 주는 것뿐만 아니라, 기저귀 갈고 씻겨 주는 것이 생각처럼 매끄럽지 못하다. 그래도 조부모의 나이가 육십 대 중반까지는 그런대로 대응이 되는데 육십 대 후반으로 넘어가면 그마저도 여의치가 않다.

그나마 우리 집 손자는 부모와 떨어져 있어도 크게 부모를 찾지 않으니 다행이다. 근처에 있는 외갓집도 자주 가고, 조부모의 집도 자주 방문하여 할아버지, 할머니의 얼굴을 많이 익혀 둔 상태라서 그럴 것이다.

그래도 낮에 생활할 때에는 괜찮은데 저녁에 잠을 잘 때는 부모를 찾는 듯하다. 쉽게 잠을 이루지 못하고 방을 들락거린다. 뭔가 안심을 시켜 주기 위하여 손자 침대 옆에서 함께 잠을 자는 척한다. 그러면 자신도 안심이 되는지 손가락을 빨면서 잠에 빠져든다. 아기들은 어리지만 모든 상황을 파악하고 있는 듯하다. 말은 못 하지만 행동으로 표현하고 있다.

모든 일에 정답은 없다

자녀들의 형편에 따라 손자녀의 돌봄이 필요할 수 있다. 부모 모두 직장에 다니면 남의 손에 맡겨야 하는데 그것보다는 조부모의 손에 자라는 것이 정서적으로 훨씬 좋다고 한다. 조부모가 손주를 돌보는 일에 대하여 대체적으로 두 가지 의견으로 나누어지고 있다. 하나는 적극적으로 돌봐 주어야 한다는 편과 그래서는 안 된다고 하는 편이다.

인생에 정답이 없듯이 모든 것은 형편에 맞게 여건이 된다면 도움을 주는 것이 맞다고 본다. 그러나 무리해 가면서 자신의 건강까지 해치면서 할 일은 아니라고 생각한다.

요즘 저출산 대책에 대해서 여러 가지 의견들이 많다. 문제는 국가가 아이를 낳아라, 마라 하기보다는 주변의 여건이 아이를 낳아서 기를 수 있는 환경을 만들어 주어야 한다. 매년 출산율 제고를 위하여 많은 예산을 투자하고 있지만 출산율은 반대로 하락하고 있다.

새 학기에 유아원에 등록하려고 이곳저곳을 둘러보는데 국공립시설은 경쟁률이 높다고 한다. 다자녀, 맞벌이, 다문화 가정 등에 우선권을 주고 있으니 평범한 가정에서는 안전한 시설에 입소시킬 수가 없는 문제점들이 있다. 정부가 지금처럼 돈만 퍼주는 단편적인 정책보다는 문제점들을 정확히 파악하고 해결해 주어야 젊은 부부들이 마음 놓고 아이를 낳을 수 있을 것이다.

지금은 제 부모한테 가고 없지만, 손자와 함께한 보름 동안의 모든 일들이 가끔씩 생각난다. 할머니가 주방에서 식사 준비를 하면 옆에 있던 쌀통의 쌀을 이 그릇 저 그릇에 옮겨 담기 놀이를 하고, 과일이 눈에 보이면 손짓으로 달라는 시늉을 한다.

컴퓨터에서 동영상으로 동요를 보여 주면 다음 날 다시 보여 달라고 손을 이끌고 컴퓨터 앞으로 가서 "빠방." 하면서 모니터를 가리킨다. 누군가가 마스크를 쓰면 외출하는 줄 알고 자기도 현관문으로 다가간다. 이런 걸 누가 시켜서 하는 것이 아니고, 눈으로 보고 몸으로 체득하는 것이다.

어려도 기억력은 뛰어나다

음식도 자기가 먹어 본 것이 아니면 먹지 않겠다고 손사래를 친다. 하늘을 나는 비행기를 보고 집으로 들어와서는 작은 비행기를 들고 비행기가 날아가는 흉내를 낸다. 스마트폰을 들고 와서는 손으로 자신을 가리키면서 스마트폰에 저장된 자신의 사진을 보여 달라고 한다.

할아버지 운동화 끈이 회전하면서 조이는 방식인데 이것이 신기한지 손으로 만져 본 적이 있었다. 몇 주가 지난 후에 와서 자기가 그것을 손으로 돌린다. 시간이 지나면 잊어버릴 수도 있는데 아이들은 그것이 아닌가 보다.

내 아이를 키울 때는 몰랐지만 손자를 며칠 키워 보니 키우는 보람이 있다. 사람들이 이런 육아의 기쁨과 보람을 안다면 출산율이 높아지지 않을까. 경제가 발달할수록 모든 것이 계산적으로 변화하는 것 같다. 자식도 사랑이기보다는 경제적으로 생각하기 때문에 출산율이 떨어지는 것이 아닐까.

　이제 몇 달만 있으면 둘째도 태어난다. 조부모의 역할이 더 많아질 것으로 생각된다. 옛말에 '아이 보는 데서 찬물도 못 마신다.'라고 했다. 아이들은 어른들의 모든 행동을 눈으로 보고 배운다. 손자 앞에서 말하고 행동하는 것이 조심스러워진다. 앞으로도 자주 조부모 집으로 놀러 올 것이고, 그때마다 새로운 것을 보고 익힐 것이다. 어떻게 보살펴 주는 것이 손주의 미래에 도움이 되는 것일까.

손자의 아름다운 미소. 이런 모습을 보노라면 모든 피로가 사라진다. 그러니 귀여워할 수밖에 없다.

8.
제주의 아픈 역사

아픈 역사를 뛰어넘어 누구나 가고 싶어 하는 곳

제주도는 예부터 탐라국이라는 나라로 독립된 국가의 명맥을 유지하다가 조선 초기에 복속(復屬)되었다. 지금도 제주사람들은 그 옛날에는 탐라국이었다고 이야기하곤 한다. 그런 자부심으로 자신의 지역을 사랑하고 있지만, 그 이면에는 아픈 역사들이 많았다.

과거의 제주는 육지와 떨어진 섬 지방이라 먹을 것이 부족했고, 바닷가 일부를 제외하고는 검은 돌로 이루어져 농사도 짓기 힘들었다. 밭을 만들기 위하여 화산석인 검은 돌을 골라내 돌담을 만들었고, 거기서 겨우 끼니를 이을 정도로 곤궁한 삶을 살았다.

겨울이면 땔감이 부족하여 들판에 흩어진 말이나 소의 똥을 주워 연료로 사용했다. 주식은 주로 보리밥이었다. 벼농사가 거의 없는 섬 지방에서 쌀밥을 먹어 보는 것은 제삿날이 전부였다.

신에 의존하다

매년 여름이면 몇 번씩 불어오는 태풍에 겨우 키워 놓은 농작물이 초토화되는 일이 빈번했다. 먹을 양식이 부족하니 바다로 나가서 고기를 잡아야 했다. 바다는 항상 불안한 작업장이었다. 가끔 고기잡이 어선이 사고가 나면 제삿날이 같은 이웃이 생기는 비극이 벌어지곤 했다.

거친 자연과 바다를 상대로 지혜롭게 살아가려니 정신적으로 무엇인가에 기대면서 살아야 했다. 그것이 신(神)이라는 존재를 낳았다. 제주에는 지금도 마을마다 한두 개 정도의 당(堂)과 절(寺)이 있다. 그래서 제주에는 당 오백, 절 오백이라는 이야기가 있다. 그만큼 당과 절이 많았다.

바다라는 매개체로 생업을 영위하였던 생활문화가 그러한 시대적 산물을 만들었다. 바다에서 일어나는 모든 사고를 미연에 예방하고자 기도하였던 곳이 지금의 본향당, 각시당, 할망당이라는 이름으로 존재하고 있다.

광해군의 슬픔

조선 시대에 죄를 짓거나 당파 싸움에서 밀려나면 귀양을 갔는데 제주로 많이 갔다. 제주도 유배 중 자신의 마음을 그림으로 나타냈던 세한도(歲寒圖)로 유명한 추사 김정희(金正喜) 선생이 그랬다. 조선 제15대 임금이었던 광해군이 인조반정으로 퇴위되어 강화도로 갔다가 말년에 제주로 유배되어 세상을 마친 곳이기도 하다. 제주에서 4년간 유배 생활을 보낸 광해군은 1641년 7월 67세의 나이로 돌아올 수 없는 강을 건넜다.

지금도 한여름 칠월 삼복더위에 소나기가 내리면 광해우(光海雨)라고 한다. 제주도민들은 돌아가신 광해군이 선물로 내려 주신다며 고마운 마음으로 그렇게 부르고 있다. 비록 퇴위된 임금이지만 왕에 대한 존경을 표현했던 제주인의 마음씨가 아름답게 느껴진다.

광해군의 제주 첫 도착지인 제주시 구좌읍 행원 포구에 가면 광해군의 기착지(寄着地)라는 표지석이 보인다. 이곳 포구에서 바다를 바라보면 눈이 시리도록 아름다운 곳이지만, 여기에 처음 내린 광해군에게는 이 아름다운 풍경도 마음속은 먹장구름이었을 것이다. 이곳이 자신의 마지막 거처일 것이라고는 상상도 하지 못했을 것이다.

정난주 마리아의 삶

제주는 다른 지역에 비해 민속 신앙을 믿는 사람들도 많지만, 천주교 신자도 많은 편이다. 정난주 마리아는 정약현의 딸로 태어났다. 열여덟 살이 되던 해에 열여섯 살인 황사영과 결혼하였다. 그 후 아들 경한을 낳았다. 그런데 그녀는 황사영 백서 사건으로 제주도로 귀양을 가게 되었다.

당시 아들은 추자도로 유배를 보냈다는 설과, 제주로 가는 도중에 그곳으로 아들을 데리고 가더라도 노비의 신세를 면치 못할 것으로 예상하여 추자도에 내려놓았다는 설이 있다.

어떻든 결혼 칠 년 만에 얻은 귀한 첫아들을 가슴에 안고 귀양길에 오른 정난주의 가슴은 어떠했으랴. 그녀는 아들이 평생 죄인으로 살아가지 않게 하려고 피눈물을 머금고 생사가 보장되지도 않는 추자도 인적 드문 갯바위에 내려놓았다. 그녀는 그 와중에서도 옷고름에 그의 이름과 생년 시를 적어서 본(本)을 지키도록 했다.

인명은 재천(在天)이라 했던가. 갯바위에 내려놓은 아들 황경한은 어미의 간절한 바람을 하늘이 알았는지 인근에서 일하던 오씨 부인이 아이의 울음소리를 듣고 달려와 경한을 데리고 가서 키웠다. 이러한 인연으로 추자도에서는 황씨와 오씨가 서로 혼인하지 않는 풍습이 있었다.

지금도 하추자도에는 황씨의 후손들이 살고 있다. 갯바위에서 울던 두 살배기가 성장하여 가정을 이루게 되었고, 후손들은 그가 죽어서도 추자도를 떠나지 않도록, 추자도 추석산 아래쪽에 그의 무덤을 마련했다.

일본의 군사 기지화

일본 강점기 시절 제주도는 일본의 군사 시설 기지화가 되어 있었다. 서귀포시 대정면 상모리에 있는 알뜨르 비행장, 성산 일출봉 해안가에 잠수함 은폐 시설인 동굴, 송악산 선착장 오른쪽에 있는 잠수함 어뢰 은폐 동굴 등이 그것이다. 제주도 남단의 주요 오름과 해안 지역은 전부 제주도민들의 피땀으로 이루어진 군사 기지의 흔적들이 남아 있다.

서귀포시 안덕면에 있는 월라봉에도 진지동굴이 있다. 월라봉에 모두 일곱 개의 진지동굴이 있다고 하는데, 길이가 무려 팔십 미터나 된다고 한다. 이러한 시설들이 모두 제주도민들의 강제 노역에 의하여 만들어졌을 것으로 생각하니 가슴이 아프다. 과거 제주는 먹거리가 풍부하지 않은 곳이었다. 그러한 환경에서 먹는 것 자체도 버거운데 강제 노역까지 동원되었다니 그들의 삶이 얼마나 핍박받았을지 상상이 안 된다.

제주에서 가장 가슴 아픈 일은 제주 4.3이다. 1945년 일제로부터 해방되면서 사회 진영이 둘로 갈라졌다. 모두 국민을 위한다는 명분이지만 어찌 보면 이념을 바탕으로 정치적 야망을 쟁취하기 위한 수단으로 변질되어 가고 있었다.

제주 4.3

지금은 그렇지 않지만, 그 당시에는 중산간 지역에 많은 주민들이 살고 있었다. 좌(左)가 무엇인지, 우(右)가 무엇인지를 전혀 모르는 선량한 국민이었다. 이러한 소용돌이 속에서 주민은 물론 경찰 일부까지 남로당이 손을 뻗치고 있어서 치안 수습에 한계가 있었다. 그 결과 순진무구한 제주도민 전체가 피해자가 되었다.

그중에서도 제주시 별도봉 서쪽에 있는 마을이 1949년 1월 제주 4.3과 관련된 사건 중 가장 큰 피해지역인 곤을동 마을이다. 그곳은 지금도 마을 터였다는 사실을 알리기 위해 돌담과 집터의 흔적을 그대로 남겨 놓았다.

제주 서귀포 강정에는 최근에 지어진 제주 해군 기지가 있다. 시민단체는 평화의 섬 제주에는 어울리지 않는 군사 시설이므로 시설 설치를 반대한다는 취지의 시위를 했다. 이 시위 때문에 우리는 얼마나 많은 사회적 비용을 지불하였던가.

시민단체는 물론이거니와 천주교 일부 신부들도 앞장서서 반대했다. 평화의 섬이므로 군사 시설이 들어서면 평화가 훼손된다는 취지였다. 평화의 섬이 되기 위해서는 외적의 침입을 방지할 수 있는 군사 시설이 필요한 것이 아닐까. 바람에 나부끼는 남루한 플래카드를 보면서 남북으로 대치된 우리의 안보 현실을 자라는 청소년들에게 어떻게 설명해야 할지 난감하다.

제주는 이런 아픔도 있었지만, 곳곳을 둘러보면 향토색이 짙은 흔적들도 많이 남아 있다. 제주는 바닷가라서 옛날부터 등대와 같은 기능을 했던 돛대 불이 남아 있는 곳이 있다. 김녕 돛대 불도 1915년에 세워졌다. 당시 전등 대신 호롱불이 등대 역할을 했던 곳이다. 자그마한 바람에도 흔들리는 호롱불이었지만 바다를 다니는 배들에겐 희망의 불빛으로 보였을 것이다.

제주는 섬이면서 비가 많이 오는 곳이다. 하늘에서 내린 비는 화산석 공간에 빗물을 저장하고 나머지는 바닷가로 흘러나온다. 이것을 용천수(湧泉水)라 한다. 항상 일정한 온도로 샘이 솟으니 여름에는 시원하고 겨울에는 따뜻하다.

이런 물이 바닷가로 마냥 흘러내리니 사람들은 여기에 노천탕을 만들어 여름에는 목욕도 하고 빨래도 했다. 이런 곳은 제주가 아니면 볼 수 없는 특이한 샘이다.

축복의 땅

아픈 과거도 많았지만 지금도 섬 지방 고유의 토속적인 아름다운 문화들이 많이 남아 있으니 사시사철 관광객들이 찾아들고 있다. 조선 시대에는 유배지로, 일제 강점기 시절에는 태평양 전쟁의 전초기지로, 해방 이후에는 제주 4.3으로 엄청난 인명 피해를 입은 지역으로 힘들고 험난한 세월을 보냈다. 하지만 지금은 가장 가고 싶고, 가장 사랑받는 곳으로 변모했다.

세상사는 모진 세월과 험난한 세월을 인내로 견디면 언젠가는 좋은 시절이 온다고 했다. 제주가 바로 그런 곳이다.

제주 성산 일출봉의 모습. 광치기 해변에서 바라본 모습이다. 여름철 일출 사진 포인트로 유명한 곳이다.

9.
손으로 글쓰기

기억력 향상을 위한 최고의 수단

어린 시절 초등학교에 다닐 때 필기도구라고는 연필밖에 없었다. 그것도 칼로 깎아서 쓰려면 여간 고역이 아니었다. 지금처럼 자동으로 연필을 깎아 주는 도구도 없었다. 조금 진하게 쓰려고 눌러쓰면 연필이 부러졌다. 그러다 보니 침으로 묻혀서 써야 할 경우도 있었다. 거기에 공책이라고는 품질이 낮아 잘못 써서 지우개로 지우면 찢어지기 일쑤였다. 그래도 그 시절에는 그 정도만 되어도 만족해야 했다.

필기구의 진화

요즘은 어떤가. 연필의 종류도 진하게 써지는 것이 있는가 하면, 연하게 써지는 연필도 있다. 그리고 볼펜도 있고, 수성펜도 있고, 일회용 만년필도 있다. 그런가 하면 아예 연필을 깎지 않아도 되는 샤프펜슬이라는 편리한 필기구들이 넘쳐 나는 세상이다. 필기구가 넘쳐 나도 그조차 사용하지 않고 노트북 하나만 달랑 들고 다니는 세상이 되었다.

필요한 지식은 인터넷에서 검색하고, 필기는 자판기를 두들겨서 입력해 놓고 필요할 때마다 열어 보고 있다. 문화가 그러하니 손 글씨를 쓸 일이 없어지는 것이다. 가끔 결혼식장이나 장례식장에 가면 축의금이나 부의금을 낼 때 봉투 뒷면에 자신의 이름을 쓰는 것이 고작이다. 그러다 보니 글을 쓰는 것인지, 그리는 것인지 알 수 없는 글자체가 되어 버린다.

초등학교를 졸업하고 중학교에 들어가서는 펜촉으로 글씨를 썼다. 스테인리스로 된 펜촉에 잉크를 찍어서 필기를 했다. 잉크병 뚜껑을 잘못 잠그면 책가방은 잉크에 오염되기 십상이었다. 잉크병도 책상 모서리에 올려놓고 조금씩 찍어서 썼는데 이것도 잘못해서 잉크병이 책상에서 엎어지거나 떨어지면 모든 시선은 그 학생에게 쏠리게 된다. 그러니 수업에 집중하기보다는 잉크병 관리에 더 많은 신경을 쓰게 된다. 이 모든 것이 이제는 기억조차 희미한 추억의 한 장면이 되고 말았다.

차트병과 필경사

옛날 군대 생활을 할 때 부대 안에는 차트병(chart兵)이 있었다. 그들은 교육과 관련된 자료를 만들 때나 보고서를 작성할 때 큰 종이를 접어서 줄을 만들고 매직펜으로 멋진 글씨를 쓰는 재주 때문에 고생한 병사들이 있었다. 군대를 제대하고 직장에 들어가니 거기에도 차트병과 비슷한 필경사(筆耕士)라는 직책의 직원이 있었다.

그들은 상부 기관에 보고할 자료가 있으면 A3 정도 크기의 용지에 멋진 글씨체로 병풍 모양의 보고서를 만들어 뭇 직원에게 대접을 받았던 일들도 있었다. 지금은 파워포인트(power point)라는 도구로 그런 문서들을 대체하고 있다. 그러다 보니 정부 기관이나 기업에서 손으로 쓰는 문서는 극히 일부를 제외하고는 찾아볼 수 없다.

손 글씨 쓰기의 좋은 점

요즘 다시 과거에 쓰던 손 글씨가 각광받고 있다. 우리나라 최대 서점인 교보문고를 비롯한 일부 문학 단체에서는 매년 손 글씨 문화 확산 캠페인(campaign)을 실시하여, 손 글씨 쓰기 대회를 열고 있다. 이러한 영향 때문인지 일부 학원에서는 손 글씨 과정을 개설하고 아름다운 손 글씨 서체를 가르치고 있다.

손 글씨를 쓰면 기억력을 향상시킨다는 실험 결과가 있다. 미국의 워싱턴 대학에서 초등학생을 대상으로 실험한 결과 손 글씨를 쓴 학생들은 그렇지 않은 학생들에 비하여 더 많은 단어를 더 빠른 속도로 생각하고 표현한다는 사실을 발견하였다.

미국의 프린스턴 대학에서는 대학생을 대상으로 손 글씨를 쓴 학생과 노트북으로 필기를 한 학생들을 비교한 결과 손으로 필기하는 학생들이 수업을 이해하는 능력이 높았다고 했다. 이처럼 손 글씨는 집중력과 기억력을 높여 주고 사고력과 표현력 향상에 많은 도움이 된다는 사실이 밝혀졌다.

얼마 전 문학관 백일장에서 고등부 학생들의 수필을 심사하는 일이 있었다. 그들 중에는 문학적인 작문 실력과 글을 쓰는 능력이 출중한 학생들이 많았다. 어떤 학생은 프린터로 인쇄를 한 듯 정교한 필기체를 써서 혹시 인쇄한 것이 아닌가 하는 의심도 했었다. 글씨를 잘 쓴다는 것은 기본적인 재능도 있어야 하지만 그만큼 노력했기 때문에 잘 쓸 수 있는 것이다.

문화가 발달하고 과학 기술이 발달한 지금에는 손으로 글씨를 쓴다고 하면 옛날 사람으로 취급하고 있다. 언론 브리핑(briefing)장에도 과거에는 취재 수첩이라는 자그마한 노트에 깨알 같은 글씨로 메모해서 기사를 쓰곤 했는데, 지금은 노트북으로 작성하여 실시간으로 언론사 편집부에 송고(送稿)하고 있다. 그러니 과거처럼 취재 수첩에 메모한다는 것은 한참 뒤떨어진 시대의 이야기인 것이다.

문학인의 숙명

그래도 손으로 글씨를 쓴다는 것은 자신의 생각을 정리하면서 차분한 마음으로 글씨를 쓰게 되므로 혼이 담긴 글이 될 수 있다. 또한, 문학인이 되기 위한 과정으로 처음에는 유명한 작가들의 작품을 따라 쓰기 해 봄으로써 그들의 글을 본받을 수 있는 계기도 되었다.

지금도 김훈 소설가는 원고지에 연필로 글을 쓰고 있는 모습을 볼 수 있다. 나그네는 글을 쓸 때 대강 줄거리를 잡고 펜으로 글을 써 내려간다. 글은 한 번에 써야 문맥이 자연스럽게 연결되고 주제의 일관성이 유지된다.

글을 쓰는 장소는 다른 사람들의 방해를 받지 않는 곳에서 쓰고 있다. 손으로 쓴 것을 워드로 정리하여 인쇄한 후 읽어 보는 과정을 수없이 반복한다. 그렇게 해도 볼 때마다 수정할 내용이 나오는 것을 보면 글을 쓰는 작가에게 퇴고(推敲)하는 과정은 피할 수 없는 숙명이라고 생각한다. 그것보다 더 중요한 것은 매일 글을 쓰는 습관을 들이는 것이다. 그 또한 쉽지 않은 일이다.

현대를 정보화 시대라고 하지만 입사 시험, 대입 논술고사, 언론사 취업을 위한 과정에서 글쓰기는 중요한 과정으로 되어 있다. 또한, 성경, 불경 등을 필사하면서 자신의 마음을 가다듬는 계기로도 자리 잡고 있다. 손 글씨는 온몸의 신경이 집중된 손으로 쓰기 때문에 전신의 신경이 작동하는 운동도 되고, 두뇌 발달에도 좋다. 기억력 향상에도 도움이 된다. 작가의 길을 걷는 문인에게 키보드보다 손으로 글을 쓰는 연습을 한다면 보다 더 아름다운 글이 탄생할 수 있을 것으로 생각한다.

손자에게 연필을 쥐어 주고 그림을 그리는 연습을 시켰다. 제법 필기구 잡는 자세가 잡혔다.

10.
영원한 현역

일은 우리를 젊게 한다

당(唐)나라 시성(詩聖) 두보(杜甫)는 곡강시(曲江詩) 마지막에 인생칠십고래희(人生七十古來稀)라고 했다. 먹을 것이 부족하고, 의학이 발달하지 않았던 옛날에 일흔까지 산다는 것이 드문 일이라는 것을 두고 한 말이다.

먹을 것이 풍부하고, 의학이 발달한 지금 우리나라 평균수명이 83세 정도라고 하는데, 먼 옛날에 비하면 눈에 띄게 늘어난 것을 알 수 있다. 과거에는 회갑 잔치를 했는데, 지금은 고희연(古稀宴)도 하지 않는다. 2019년 통계에 의하면 70세 이상 생존율이 86% 정도 된다고 하니 인생칠십고래희는 지금 시대에 맞지 않는 이야기가 되었다.

식량 생산의 증가와 의학 기술의 발전에 따라 사람들의 평균 수명은 늘어나고 있지만, 사회적인 시스템은 과거나 지금이나 별반 차이가 없다. 대부분의 직장인은 60세를 전후하여 퇴직을 한다.

고령화 사회

옛날처럼 고희(古稀)까지 생존하는 숫자가 적으면 사회적인 문제가 일어나지 않겠지만, 지금같이 고령화 사회가 지속되면 준비되지 않은 노후의 삶은 불행해질 수 있다.

일본이나 서구 같은 경우는 우리와 달리 80세가 넘어서도 자신의 일을 가지고 왕성하게 활동하는 모습을 볼 수 있지만, 우리는 이러한 문화에 빨리 순응하지 못하고 있다.

우리 사회도 고령화 인구의 증가로 각종 복지시스템이 작동하고 있지만, 만족할 만한 수준은 아니다. 그러다 보니 일하는 은퇴족이 늘어나고 있다.

1982년에 80대 고용률이 2.2%에 불과했으나, 2022년에는 18.7%까지 가파르게 상승했다. 40년 사이에 무려 8배가 상승한 것이다. 노령화 인구도 80대 인구가 2003년에 53만 명이었으나, 2025년에는 203만 명으로 4배 이상 증가할 것으로 예상하고 있다.

은퇴 생활

나그네는 군 복무기간 3년을 포함하여 약 40여 년 정도 현업에서 뛰었다. 그 시간이 어떻게 지나갔는지, 지금에서야 뒤돌아보면 긴 세월이라는 것을 알 수 있다. 학교 졸업 후 곧장 취업하고, 잠시 후 군 입대하고, 다시 복직하고, 결혼도 했다. 아이들도 태어났다.

그때부터 앞만 보고 뛰었다. 그러다 보니 30여 년의 세월이 바람처럼 흘러갔다. 남의 말을 제법 알아들을 줄 아는 이순(耳順)이 조금 지난 나이에 직장에서 은퇴했다. 40여 년의 직장 생활을 했으니, 근로소득세도 남들만큼 납부했고, 최소한의 노후 생활이 가능한 퇴직금도 받을 수 있었다.

그때부터 시간에 얽매이지 않고 편히 쉬면서 인생 후반부를 즐기면서 살겠다고 생각했다. 얼마의 시간이 지나고, 그냥 쉬는 것이 무의미하다는 것을 깨달았다. 시간에 얽매이지 않는 직업을 찾았다.

지방에 있는 대학에 출강했다. 강의 준비와 수업 시간을 빼면 나머지는 자유 시간이었다. 거기에 방학까지 있었다. 그때부터 시간만 나면 전국을 헤집고 다녔다. 유명하다고 알려진 산이나 둘레길을 걷고, 백두대간도 걸었다. 누구에게도 구속받지 않는 자유로운 영혼처럼 가고 싶은 곳이 있으면 배낭 하나 둘러메고 유랑길을 떠났다. 강사 생활 3년이 끝나갈 무렵 유랑 생활에 서서히 권태기가 오기 시작했다.

인간은 사회적 동물

인간은 사회적 동물이라 했다. 인간은 빵만으로 살 수 없다고 했다. 아침에 일어나면 어디를 가든 집을 나서야 한다. 누군가를 만나고, 살아가면서 필요한 정보도 나누어야 한다. 이런 과정이 없으면 뇌는 쇠퇴하게 된다. 자연스럽게 기억력도 떨어진다. 모든 인체 구조는 사용하면 할수록 활성화된다. 특히, 근육과 뇌는 이런 원리에 잘 적응한다고 알려져 있다.

뇌과학자 '리사 제노바'가 쓴 『기억의 뇌과학』에서 '오늘의 일은 내일 잊어버리고, 인생의 대부분은 망각한다.'라고 했다. 이런 현상을 늦추려면 인지비축분(認知備蓄分)이 필요하다고 했다.

인지비축분을 늘리려면 글을 읽고, 쓰는 능력을 키우고, 정신적 자극 활동이 가능하도록 규칙적으로 참여하는 것이 좋다고 알려져 있다. 우리의 삶이 규칙적이고, 정신적 자극을 받으려면 사회활동을 해야 한다.

방법은 여러 가지가 있겠지만 재취업을 해서 일정한 시간에 출퇴근하고, 출근 후에는 정신적 자극이 가능한 업무를 수행하는 것이다. 그러면서 동료 직원들과 업무를 포함한 그 이외의 일상적인 대화를 나누게 되면 자연스럽게 사회적 관계를 유지할 수 있다.

재취업

나그네 역시 3년여의 방랑(放浪)을 끝내고, 일을 위해 구직(求職)에 나섰다. 가장 빠른 방법은 과거에 몸담았던 직장과 연관된 분야에서 찾으면 빠르게 찾을 수 있다. 하지만 그렇게 되면 취업 후 불가피하게 전에 근무했던 직장 후배들과 접촉하게 된다.

전 MBC PD였던 조정선 작가가 쓴 『퇴직, 일단 걸었습니다』라는 책에서도 '퇴직하면 전 직장 근처에 얼씬거리지 않는다. 퇴직한 선배가 후배에게 대우받으려면 후배를 불편하게 해서는 안 된다.'라고 했다. 맞는 말이다. 특히, 업무를 수행하는 과정에서 후배들에게 부탁할 일도 생길 것인데, 이는 후배들에게 부담을 줄 수밖에 없다. 이런 불편을 피하려면 전에 근무했던 직장의 업무와는 다소 다른 분야를 탐색(探索)해야 한다.

육십 중반이 넘으면 새로운 직장을 구하는 것이 생각처럼 쉽지 않다. 어디를 가든 업무 수행 능력과 무관하게 나이가 많다는 이유를 들이댄다. 특별한 기술이 없는 사무 분야는 일을 찾기 어렵지만, 기술 분야는 조금 나은 편이다.

자신의 업무 경력에 자격증이 있으면 최소한의 연봉으로 일자리를 찾을 수 있다. 몇 곳의 기업에 이력서를 제출하고 인터뷰 요청이 오기를 기다렸다. 그중 한 곳에서 연락이 왔다. 구직자와 구인자의 요구조건을 조화시켜 가면서 근무조건과 연봉(年俸)에 합의했다. 업무는 건설현장 사업 관리를 담당하는 분야였다.

지방 생활

퇴직 후 거의 7년 만에 새로운 조직에 몸담게 되니 우선 집과 떨어진 곳에 새로운 거주지를 마련하고, 혼자 숙식을 해결해야 한다. 그중에 가장 어려운 것은 가족과 떨어져 생활해야 하는 정신적 공허감이 가장 크다.

사람들이 살아가면서 모든 것에 만족한다는 것이 쉽지는 않다. 하나가 만족하면 다른 하나는 부족하게 되어 있다. 인생 행복을 총량으로 따진다면 거기가 거기다. 모든 것은 시간이 흐르면서 서로 보완하고 조화를 이루어 가는 것이 우리의 삶인 것이다.

낮에는 현장에서 일하고, 저녁에는 인근에 있는 테니스 코트에서 한 시간 정도 운동을 하면 하루가 바쁘게 지나간다. 그러면 정신적인 공허감도 사라진다.

나이가 들면 다른 것은 못 하더라도 근육 운동과 땀이 나는 유산소 운동은 반드시 필요하다고 했다. 뒤늦은 샐러리맨 생활의 재시작이 언제까지 지속될지 아직은 예측할 수 없다.

재취업의 장단점

나그네의 이런 노후 재취업에 대해 주변에서는 두 가지 의견으로 나누어지고 있다. 하나는 늦었지만, 자신의 자아 발전을 위하여 아주 큰 결심을 했다는 측과, 나이 들어 객지에서 왜 그런 고생을 사서 하느냐고 하는 사람들도 있다. 둘 다 맞는 말이다. 어느 쪽이든 한번 경험해 보고 후회하는 것과, 경험해 보지 않고 후회하는 것은 차원이 완전히 다르다.

KFC 창업자인 '커넬 샌더스'는 62세에 창업을 하여 세계적인 프랜차이즈로 성장시켰다. 남들이 힘들다는 창업을 하는 것도 아니고 단순한 취업인데 무슨 걱정을 할 필요가 있겠는가.

나이가 들어 조직 생활을 하는 것은 결코 쉬운 일이 아니다. 취업 전선에 뛰어들기 전에 자신에게 스스로 물어보고 확실한 결심이 서면 뛰어들라고 이야기하고 싶다. 퇴직자 대부분은 전에 다니던 직장에서 어느 정도 지위도 있었고, 업무를 지시하는 위치였는데, 재취업을 하게 되면 입장이 바뀌게 된다.

안이(安易)한 인식으로 재취업 시장에 뛰어들게 되면 1년도 버티지 못하고 사직(辭職)하게 되는 경우를 보아 왔다. 이런 실패를 하지 않기 위해 과거는 깨끗이 잊어버리고, 새로운 모습으로 변화할 필요가 있다.

인생 3막 준비

전직 공무원이었던 임재홍 작가는 『100세 시대 은퇴자의 꿈』이라는 책에서 '퇴직을 하면 인생 2막, 3막을 준비하되, 재취업 시 전직(前職)은 잊어버리고 눈높이를 낮추어야 한다.'라고 강조했다.

나이 95세에 이른 호서대학교 설립자인 강석구 박사는 이렇게 오래 살 줄 알았으면 지나간 30년을 허망하게 보내지 않았을 것이라고 후

회한다는 글을 본 적이 있다. 은퇴 후 30년은 긴 세월이다. 은퇴 전부터 미래를 준비하는 사람만이 행복한 노후를 보장받을 수 있다.

나이 드신 시니어(senior)들의 모임에 참석해 보면 주로 하는 이야기가 있다. 능력이 있으면 집에서 놀지 말고 영원한 현역이 되라고 강조한다. 현역이란 경제적인 여유뿐만 아니라, 정신적인 면에서 매우 유익하다고 했다. 그러나 영원한 현역은 없는 것이다. 때가 되면 놓을 줄 아는 지혜가 필요하다. 더 이상 사회에 도움이 되지 않는다고 생각하면 미련 없이 조직을 떠나야 한다.

가을이 되면 나뭇잎이 나무를 떠나듯 아름다운 마무리를 하는 모습을 보여 주는 것 또한 시니어의 중요한 덕목 중의 하나인 것은 분명하다.

충남 보령 원산도에 있는 카페 옥상에 설치된 원형 그네. 바다 건너에 안면도가 보인다.

글을 쓰고 나서

　주절주절 글을 쓰고 보니 부족함이 많고, 배워야 할 것도 많다는 것을 느꼈다. 태어나서 처음 내는 수필집이다 보니 글의 내용이 좌충우돌하고 있다. 미흡한 부분에 대해서 독자들의 질책(叱責)을 들을 것으로 예상하지만, 일단 책을 내고 그 꾸지람을 듣고자 마음먹었다.
　한 줄 한 줄 모여 글이 되고 글이 모여 책이 되었다. 읽고 또 읽고를 반복했지만 계속 고치고 다시 써야 할 곳이 많았다. 모든 일은 시기가 있는데 이 시기를 놓치면 기회는 오지 않을 것이라는 생각에 감히 출판을 감행했다.
　글의 내용이 젊은 시절은 거의 없다. 그 시절에는 글을 쓸 여유가 없었다. 하루하루가 삶의 쳇바퀴 속에서 굴러가다 보니 남의 이야기를 제법 알아들을 줄 아는 나이가 되었다. 지나온 길을 돌아보면 기쁜 일도 많았지만 힘든 일도 많았다. 그 모든 희로애락을 한 몸에 안고 살아간다는 것은 역경이면서 축복이다. 그간 산길과 둘레길을 걸으면서 겪은 일들을 순서 없이 엮어 보았다.
　어린 시절부터 함께했던 친구들, 사회에 첫발을 들여놓으면서 만났던 직장 동료들, 취미 생활을 하면서 만났던 동호인들, 그들 모두가 있기에 이런 글을 쓸 수 있었다. 그들과 함께 동고동락(同苦同樂)하던 시간이 저자에게는 커다란 추억의 한 페이지를 장식하고 있다. 앞으로도 이들과 함께 미래의 추억을 만들어 갈 계획이다.

수많은 추억과 발자국 속에서 마음속에 남겨진 흔적 하나하나가 가슴속에서 아지랑이처럼 피어오를 때면 스스로 입가에 미소가 번진다. 그것은 아름다운 추억이 있었기에 가능한 일이다. 무더운 여름 날, 살을 에는 추운 겨울 날, 억수로 내리는 비를 맞으면서 혼자 걷던 날들이 그때는 고통이었지만 지금은 아름다운 추억으로 회고(懷古)할 수 있다.

이제 다시 새로운 환경에서 인생의 마지막 4악장을 연주할 수 있다면 먼 훗날도 지금처럼 행복한 나날일 것이라고 이야기할 수 있을 것이다. 순간순간은 힘들지만 흩어진 구슬을 하나하나 실에 꿰듯 가꾸고 키우다 보면 아름다운 삶이 되리라 생각한다.

이 책을 내면서 글을 쓸 수 있는 이야기와 동기를 주었던 모든 분들에게 이 지면을 빌려서 그들 모두에게 앞으로도 행복한 나날이 되기를 기원한다.

다음에 다시 책을 낸다면 지금보다 한층 더 성숙하고 숙성된 막걸리 같은 내용을 담아낼 것을 약속하면서 이 글을 마무리하고자 한다.

2024년 결실의 계절에
김두환